연구소

CJ CAT

최신기출유형 + 실전문제

CJ CAT

최신기출유형 + 실전문제

인쇄일 2023년 3월 1일 초판 1쇄 인쇄
발행일 2023년 3월 5일 초판 1쇄 발행
등 록 제17-269호
판 권 시스컴2023

발행처 시스컴 출판사
발행인 송인식
지은이 타임 적성검사연구소

ISBN 979-11-6941-100-4 13320
정 가 12,000원

주소 금천구 가산디지털1로 225, 514호(가산포휴) | **홈페이지** www.siscom.co.kr
E-mail siscombooks@naver.com | **전화** 02)866-9311 | **Fax** 02)866-9312

발간 이후 발견된 정오 사항은 시스컴 홈페이지 도서 정오표에서 알려드립니다(시스컴 홈페이지→자격증→도서 정오표).

취업과정에 적성검사가 도입된 지도 제법 많은 시간이 흘렀습니다. 그동안 적성검사에도 많은 부침이 있어서, 일부 기업은 폐지하기도 하고 일부 기업은 유형을 변경하기도 하였습니다. 쟁쟁한 대기업들이 적성검사 유형을 대폭 변경하면서 다른 기업들에도 그 여파가 미칠 것으로 여겨지고 있습니다.

적성검사는 창의력 · 상황대처능력 · 문제해결능력 등 업무수행에 필요한 능력을 측정하기 위해 실시되며, 기업별 인재상에 따라 여러 유형으로 치러집니다. 여기에 일부 기업들이 주기적으로 문제유형을 변경함으로써 수험생들의 혼란을 가중시키고 있습니다.

본서에서는 각 기업에서 공식적으로 발표한 문제유형을 기반으로 삼았으며, 실제로 적성검사를 치른 응시생들의 후기를 충실히 반영하여 올해 치러질 실제 적성검사에 가장 근접한 문제를 제공하고자 하였습니다.

본서가 취업준비생들의 성공적인 취업에 조금이나마 보탬이 되었으면 하는 바입니다.

타임 적성검사연구소

타임테이블 및 영역별 안내

구분	PART	CHECK BOX		TIME
		complete	incomplete	
Ⅰ	언어능력	☺	☹	시간　분
Ⅱ	수리능력	☺	☹	시간　분
Ⅲ	추리능력	☺	☹	시간　분
Ⅳ	공간지각	☺	☹	시간　분

Part Ⅰ

언어능력

- **단어의 상관관계** : 제시된 단어 쌍 간의 관계를 파악하고, 그 관계가 동일해지도록 빈칸에 들어갈 한 개 또는 두 개의 단어를 고르는 문제가 출제된다. 유의관계, 반대관계, 행위관계 등 다양한 관계가 제시되므로 어휘력을 바탕으로 한 순발력이 요구된다.

- **독해능력** : 주제나 제목 유추, 지문의 내용과 일치 · 불일치 파악, 빈칸 추론, 순서배열, 문법 수정 내용을 판단하는 문항과 같은 다양한 유형이 출제된다. 시간 내에 지문의 핵심 키워드를 간파하고, 글의 주제가 무엇인지 추려낼 수 있어야 한다. 다양한 지문을 접해보면서 독해능력을 기르는 것이 중요하다.

Part II

수리능력

- **응용계산(단순계산 포함)** : 단순 계산문제부터 공식을 활용해서 푸는 간단한 방정식까지 다양하게 출제된다. 대부분 중학교 1학년~고등학교 1학년 수준의 문제가 출제되지만 짧은 시간 안에 많은 수의 문제를 풀어야 하기 때문에 실수하지 않도록 주의가 요구된다.

- **자료해석** : 그래프, 도표와 같은 다양한 자료를 제시하고 이를 해석하는 유형이 출제된다. 제시된 자료를 있는 그대로 해석하거나 주어진 공식에 대입하여 계산하는 문제가 출제되기도 한다.

Part III

추리능력

- **언어추리** : 주어진 몇 개의 조건을 읽고 제시된 문장 A와 B의 참 · 거짓 여부를 판별하는 문제가 출제된다. 독해와 함께 30분 안에 풀어야 하며 10문항이 출제된다.

- **도식추리** : 도형에 대한 다양한 방향 회전 규칙, YES/NO 규칙을 통한 도형의 변화를 추론하는 문제로 출제된다. 다양한 유형의 출제 유형 변동에 대비하는 것이 필요하다.

Part IV

공간지각

종이접기, 투상도 및 전개도, 블록 등을 활용하여 사물을 논리적이고 정확하게 식별할 수 있는 능력을 평가한다.

기출유형분석

주요 기출문제의 유형을 분석하여 이에 가장 가까운 문제를 상세한 해설과 함께 수록하였다.

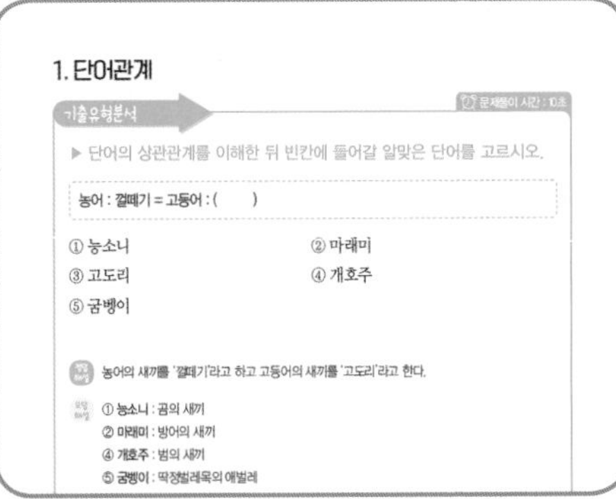

1. 단어관계

기출유형분석 | 문제풀이 시간 : 10초

▶ 단어의 상관관계를 이해한 뒤 빈칸에 들어갈 알맞은 단어를 고르시오.

농어 : 껄떼기 = 고등어 : (　　)

① 능소니　② 마래미
③ 고도리　④ 개호주
⑤ 굼벵이

농어의 새끼를 '껄떼기'라고 하고 고등어의 새끼를 '고도리'라고 한다.

① 능소니 : 곰의 새끼
② 마래미 : 방어의 새끼
④ 개호주 : 범의 새끼
⑤ 굼벵이 : 딱정벌레목의 애벌레

문제풀이 시간 표시

각 문제유형에 따라 총 문항 수와 총 문제풀이 시간, 문항당 문제풀이 시간을 제시하였다.

음에 대한 알맞은 답을 고르시오.

총 문항 수 : 12문항 | 총 문제풀이 시간 : 6분 | 문항당 문제풀이 시간 : 30초

친 부분에 들어갈 문장으로 알맞은 것을 고르면?

어지면 내일 비가 올 것이다.
으면 별똥별이 떨어진다.

중요문제 표시

기출유형에 근접한 문제마다 표시하여 중요문제를 쉽게 파악할 수 있게 하였다.

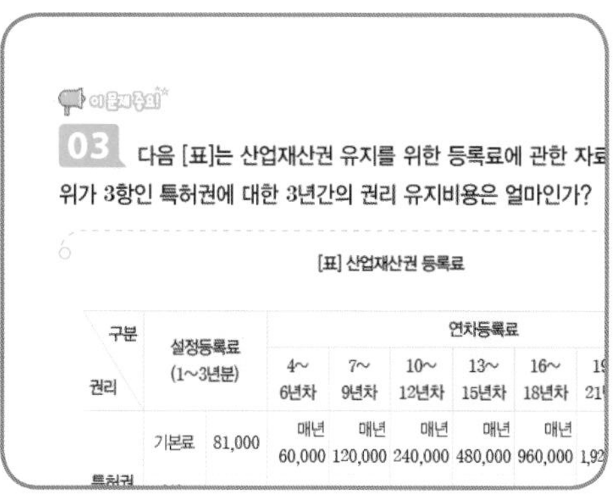

03 다음 [표]는 산업재산권 유지를 위한 등록료에 관한 자료
위가 3항인 특허권에 대한 3년간의 권리 유지비용은 얼마인가?

[표] 산업재산권 등록료

구분 / 권리	설정등록료 (1~3년분)		연차등록료					
			4~ 6년차	7~ 9년차	10~ 12년차	13~ 15년차	16~ 18년차	19 21
특허권	기본료	81,000	매년 60,000	매년 120,000	매년 240,000	매년 480,000	매년 960,000	1,92

타임테이블 & 채점결과

각 문제유형을 모두 풀었을 때 걸리는 시간 및 채점결과를 수험생 스스로 점검할 수 있도록 하였다.

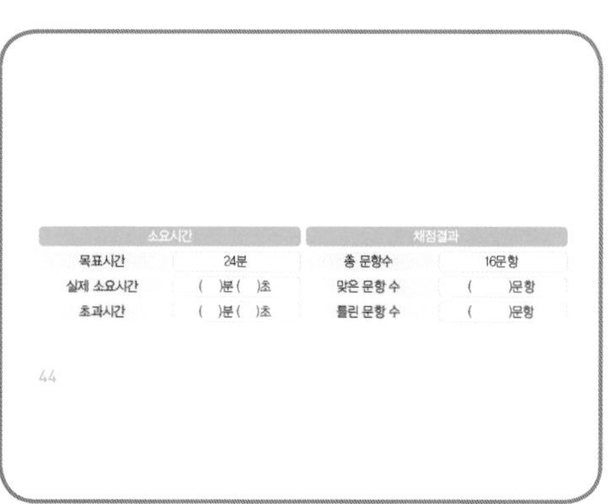

소요시간		채점결과	
목표시간	24분	총 문항수	16문항
실제 소요시간	( )분 ( )초	맞은 문항 수	( )문항
초과시간	( )분 ( )초	틀린 문항 수	( )문항

44

Part I

언어능력

Part II

수리능력

Part III

추리능력

Part IV

공간지각

● 핵심가치

▶ **인재**

일류인재 양성과 강유문화 조성으로 앞서가는 일류기업이 된다.

▶ **ONLYONE**

최초 · 최고 · 차별화를 추구하여 핵심역량을 갖춘 일등기업이 된다.

▶ **상생**

생태계 조성과 공유가치 창출로 국가사회로부터 존경받는 기업이 된다.

● 행동원칙

CJ 임직원 누구나 반드시 지켜야 할 원칙이며, 인재육성의 기준

▶ **정직**

비효율과 부정을 용납하지 않는다.

▶ **열정**

최고 · 완벽을 추구한다.

▶ **창의**

끊임없이 변화하고 혁신한다.

▶ **존중**

서로 이해하고 배려한다.

● Philosophy & Principle

Culture

문화를 만드는 일은 CJ가 가장 잘하는 일입니다. CJ는 우리의 아름다운 문화를 전 세계인들에게 알리기 위해 가장 앞서 달리고 있습니다. 세계의 라이프스타일을 주도하는 한류의 중심에 CJ가 있습니다.

Global

전 세계인이 일상생활 속에서 한국의 영화, 음식, 드라마, 음악을 마음껏 즐기며 일상의 행복을 누리게 되는 것. 그리고 이를 가장 앞서서 이끄는 최고의 생활문화기업이 되는 것이 바로 CJ의 꿈입니다.

OnlyOne

'ONLY ONE' 정신은 모든 면에서 최초, 최고, 차별화를 추구하는 CJ가 최우선으로 지향하는 가치입니다. 이를 바탕으로 CJ는 남들이 하지 않은 새로운 제품과 서비스, 시스템, 사업을 지속적으로 창출해 가고 있습니다.

● Vision & Mission

▶ 비전

건강, 즐거움, 편리를 창조하는 글로벌 생활문화기업

▶ 미션

ONLY ONE적인 제품과 서비스로 고객을 위한 최고의 가치를 창출하고 국가와 사회에 기여한다.

● CJ 인재상

"사람이 기업을 움직이며, 기업을 좌우하는 것도 사람이다."

▶ **정직하고 열정적이며 창의적인 인재**

- 하고자 하는 의지가 있는 반듯한 인재
- 최선을 다하는 인재

▶ **글로벌 역량을 갖춘 인재**

- 글로벌 시장에서 경쟁력 있는 어학능력과 글로벌 마인드를 지닌 인재
- 문화적 다양성을 존중하는 인재

▶ **전문성을 갖춘 인재**

- 자신의 분야에서 남과 다른 핵심역량과 경쟁력을 갖춘 인재
- 자신이 속한 Business의 트렌드에 민감하며, 끊임없이 학습하는 인재

● CJ 채용안내

▶ 모집시기

CJ그룹의 신입사원 채용은 매년 상 · 하반기(3월, 9월)에 진행되고 있으며, 채용공고에서 회사 및 직무 확인 후 입사 지원 가능합니다.

※ 경력사원 채용은 필요인력 발생 시 수시채용하며 채용공고에서 회사 및 직무 확인 후 입사 지원 가능합니다.

▶ 지원자격

① 4년제 대학교 학사학위 이상 소지자

- **상반기** : 8월 이전 졸업예정자
- **하반기** : 2월 이전 졸업예정자 포함

② 병역필 또는 면제로 해외여행에 결격사유가 없는 자

※ 모집분야별로 지원 자격에 차이가 있으니 세부 지원 자격 및 우대사항은 계열사별 공고를 확인해주세요.

▶ 지원 시 주의사항

① 모집 기간 내 1개의 공고만 지원 가능합니다.(전형 중복 지원 불가)

② 지원서 내용이 사실과 다르거나 허위 서류를 제출한 경우 채용에 불이익이 있을 수 있습니다.

③ 자기소개서 작성 시 학교명 등 스펙 관련 내용을 기입할 수 없습니다. 서류 평가 시, 자기소개서 평가는 블라인드 평가 방식으로 진행됩니다.(해당 내용을 기입하면 전형과정 중 불이익이 있을 수 있습니다.)

④ 국가등록장애인 및 국가보훈자는 관련법에 의거 우대합니다.

⑤ 전형 중 지원서를 삭제하신 경우 전형진행 포기로 간주됩니다.

▶ 지원방법

CJ그룹 채용 홈페이지(http://recruit.cj.net)에서 온라인으로만 접수

▶ 신입채용 프로세스

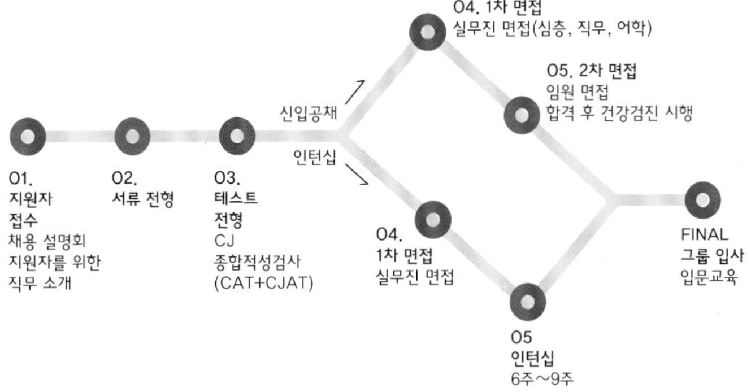

① CJ그룹 채용은 중복지원을 허용하고 있지 않으나, 지원 회사와 지원 직무를 2지망까지 선택할 수 있도록 하고 있음

② 서류결과 발표 후, CJ종합적성검사를 실시하며 이후, 합격자에게는 면접에 관한 세부사항이 안내됨

③ 면접은 각 전형 및 단계별로 다르게 진행되며, 임원면접은 多대 多 질의응답 방식임

CAT(Cognitive Ability Test)&CJAT(CJ Aptitude Test)

CAT(Cognitive Ability Test)&CJAT(CJ Aptitude Test)는 CJ그룹의 기업 가치에 가장 적합한 인재를 확보하기 위한 종합능력검사입니다.

구분	영역	문항수(비율)	제한시간
CAT	언어능력	총 80문항 (각 20문항, 유형 구분 없음)	100분
	수리능력		
	추리능력		
	공간지각		
CJAT		250문항	30분

* 본서에 수록된 영역 및 문제들은 추후 변경 가능성이 있으며, 계열사에 따라 상이할 수 있으니 CJ그룹 채용 홈페이지를 반드시 확인하시기 바랍니다.

▶ 온라인 시험 필수 준비물

1. 타인과 접촉이 없으며 원활한 네트워크 환경이 조성된 장소
2. 권장 사양에 적합한 PC, 스마트폰 및 주변기기(웹캠, 마이크, 스피커, 키보드, 마우스)
3. 신분증(주민등록증, 주민등록 발급 확인서, 운전면허증, 여권, 외국인거소증 중 택1)
4. 휴대전화

▶ 온라인 시험 유의사항

1. 같은 계열사라도 직군에 따라 문제 유형이나 시험 방식에 차이가 있을 수 있다.
2. 노트북 웹캠과 스마트폰으로 시험 감독이 진행되므로 행동에 유의한다.
3. 실제 시험시간 이외에도 별도의 점검 시간이 소요되므로 시간 관리에 유의한다.
4. 책, 연습장, 필기구 등이 책상 위에 올라와 있거나, 사용하면 부정행위로 간주한다.
5. 시간이 남더라도 감독관이 확인하고 있으므로 의심받을 만한 행동을 하지 않는다.
6. 적성검사보다 인성검사의 문항수가 더 많으므로 끝까지 집중력을 유지한다.

▶ 시험 전 점검할 사항

검사 항목	확인
본인의 신분증과 개인정보 가리개를 준비하였는가?	☐
스마트폰 거치대와 필요한 필기도구를 준비하였는가?	☐
스마트폰의 인터넷 사용, 감독 시스템에 접속 가능한지 확인하였는가?	☐
카메라와 스피커의 작동이 원활한지 확인하였는가?	☐
전화나 카톡 등의 알림음이 울리지 않도록 하였는가?	☐
컴퓨터의 작동에 문제가 없는지 확인하였는가?	☐
시험 장소에 불필요한 물건을 모두 치웠는가?	☐
시험 장소에 낙서가 없는지 확인하였는가?	☐
주변에 소리가 날만한 요소를 제거하였는가?	☐
온라인 시험에 대한 주의사항 등 응시자 매뉴얼을 확인하였는가?	☐
스마트폰의 배터리가 충분한지 확인하였는가?	☐

▶ 시험 후 점검할 사항

검사 항목	확인
인적성 시험 후기를 작성하였는가?	☐
상하의와 구두를 포함한 면접복장이 준비되었는가?	☐
지원한 직무의 직무분석을 하였는가?	☐
단정한 헤어와 손톱 등 용모관리를 깔끔하게 하였는가?	☐
자신의 자기소개서를 다시 한 번 읽어보았는가?	☐
1분 자기소개를 준비하였는가?	☐
자신이 지원한 직무의 최신 이슈를 정리하였는가?	☐

언어능력

CJ CAT 출제 예시

단어의 상관관계

01 다음 중 ⓐ, ⓑ에 들어갈 단어가 순서대로 바르게 연결된 것은?

한국 : (ⓐ) = (ⓑ) : 초밥

❶ 일본, 비빔밥 ② 태극기, 중국 ③ 중국, 김밥 ④ 일본, 짜장면 ⑤ 김치, 낫또

응용계산

02 3%의 식염수에 9%의 식염수를 섞어서 6%의 식염수 500g을 만들려고 한다. 이때 9%의 식염수는 몇 g 필요한가?

① 100g ② 120g ③ 150g ④ 200g ❺ 250g

언어 추리

03 제시된 조건을 바탕으로 A, B에 대해 바르게 설명한 것은?

- 국어를 잘하는 사람은 영어를 잘한다.
- 수학을 잘하는 사람은 과학을 잘한다.
- 영어를 잘하는 사람은 중국어를 잘한다.

A : 국어를 잘하는 사람은 중국어를 잘한다.
B : 과학을 잘하지 못하는 사람은 수학을 잘한다.

❶ A만 옳다. ② B만 옳다.
③ A, B 모두 옳다. ④ A, B 모두 옳지 않다.
⑤ A, B 모두 옳은지 그른지 판단할 수 없다.

자료해석

04 다음은 노인의료비 지출을 나타낸 표이다. 추론할 수 없는 것은? (단, 소수점은 첫째 자리에서 반올림한다.)

(단위 : 천 원, %)

구분	65세 이상 노인의료비			전체의료비 중 노인의료비 구성비
	계	65~79세	80세	
2010	18,332	12,564	5,768	17.0
2020	120,391	75,423	44,968	30.5

① 10년간 65세 이상 노인의료비는 6배 이상 증가했다.
② 2020년 전체의료비 중 노인의료비 비중은 30.5%이다.
③ 10년간 전체의료비 중 노인의료비 비중은 13.5% 증가했다.
④ 2010년 65세 이상 노인의료비 중 80세 이상 노인의료비는 약 31%이다.
❺ 10년간 노인의료비 증가율은 65~79세 노인이 80세 이상 노인보다 더 높다.

독해능력

05 글쓴이가 말하고자 하는 바로 가장 적절한 것은?

우리들의 소유 관념이 때로는 우리들의 눈을 멀게 한다. 그래서 자기의 분수까지도 돌볼 새 없이 들뜨게 되는 것이다. 그러나 우리는 언젠가 한 번은 빈손으로 돌아갈 것이다. 내 이 육신마저 버리고 훌훌히 떠나갈 것이다. 하고 많은 물량일지라도 우리를 어떻게 하지 못할 것이다.

① 삶의 여유를 가져야 한다.
② 마음을 편안히 하고 성실히 살아야 한다.
③ 인간의 괴로움과 번뇌에서 벗어나야 한다.
④ 우리는 언제가 한 번은 빈손으로 돌아갈 것이다.
❺ 소유의 집착에서 벗어나야 진정한 자유를 얻을 수 있다.

I

언어능력

1. 단어관계

기출유형분석

문제풀이 시간 : 10초

▶ 단어의 상관관계를 이해한 뒤 빈칸에 들어갈 알맞은 단어를 고르시오.

농어 : 껄떼기 = 고등어 : (   )

① 능소니
② 마래미
③ 고도리
④ 개호주
⑤ 굼벵이

정답 해설 농어의 새끼를 '껄떼기'라고 하고 고등어의 새끼를 '고도리'라고 한다.

오답 해설
① **능소니** : 곰의 새끼
② **마래미** : 방어의 새끼
④ **개호주** : 범의 새끼
⑤ **굼벵이** : 딱정벌레목의 애벌레

핵심 정리 **동물의 새끼를 이르는 고유어**

- **간자미** : 가오리의 새끼
- **개호주** : 범의 새끼
- **고도리** : 고등어의 새끼
- **굼벵이** : 딱정벌레목의 애벌레
- **꺼병이** : 꿩의 어린 새끼
- **노가리** : 명태의 새끼
- **능소니** : 곰의 새끼
- **동어** : 숭어의 새끼
- **발강이** : 잉어의 새끼
- **전어사리** : 전어의 새끼
- **풀치** : 갈치의 새끼

정답 ③

[01~20] 단어의 상관관계를 이해한 뒤 빈칸에 들어갈 알맞은 단어를 고르시오.

총 문항 수 : 20문항 | 총 문제풀이 시간 : 3분 20초 | 문항당 문제풀이 시간 : 10초

이 문제 중요!

01 호젓하다 : (　　) = 보조개 : 볼우물

① 대꾼하다　② 대살지다
③ 후미지다　④ 담숙하다
⑤ 폭신하다

정답해설 '보조개'는 말하거나 웃을 때에 두 볼에 움푹 들어가는 자국으로 '볼우물'이라고도 한다. 따라서 빈칸에는 '호젓하다'와 비슷한 말인 '후미지다'가 들어가야 한다.

- **호젓하다** : 1. 후미져서 무서움을 느낄 만큼 고요하다. 2. 매우 홀가분하여 쓸쓸하고 외롭다. ㊮ 후미지다, 쓸쓸하다, 고적하다, 단출하다, 홀가분하다, 소슬하다, 한적하다

02 땅 : (　　) = 비행기 : 대

① 대지　② 필지
③ 요지　④ 공터
⑤ 획지

정답해설 물건을 세는 단위를 묻는 문제이다.

② **필지(筆地)** : 논, 밭, 대지 등을 세는 단위
① **대지(大地)** : 대자연의 넓고 큰 땅
③ **요지(要地)** : 중요한 역할을 하는 곳, 또는 핵심이 되는 곳
④ **공터** : 집이나 밭 따위가 없는 비어 있는 땅
⑤ **획지(劃地)** : 도시의 건축용지를 갈라서 나눌 때 한 단위가 되는 땅

정답 01 ③ | 02 ②

03 지천명 : 50세 = (　　) : 40세

① 고희　② 이순
③ 방년　④ 불혹
⑤ 지천명

'지천명(知天命)'은 쉰 살(50세)을 달리 이르는 말이다. 따라서 빈칸에는 마흔 살(40세)을 달리 이르는 말인 '불혹(不惑)'이 들어가야 한다.

TIP 연령을 나타내는 한자어

- 15세 : 지학(志學), 성동(成童)
- 20세 : 약관(弱冠), 약년(弱年)
- 30세 : 이립(而立)
- 40세 : 불혹(不惑)
- 50세 : 지천명(知天命)
- 60세 : 이순(耳順)
- 61세 : 화갑(華甲), 환갑(還甲), 주갑(周甲), 환력(還曆), 회갑(回甲)
- 70세 : 고희(古稀), 종심(從心), 희수(稀壽)
- 80세 : 팔순(八旬), 산수(傘壽)
- 90세 : 졸수(卒壽)
- 99세 : 백수(白壽)
- 100세 : 상수(上壽)

04 맥수지탄(麥秀之嘆) : 풍수지탄(風樹之嘆) = 국가 : (　　)

① 고향　② 친구
③ 어버이　④ 임금
⑤ 자연

- **맥수지탄(麥秀之嘆)** : 멸망한 고국에 대한 한탄을 이르는 말
- **풍수지탄(風樹之嘆)** : 어버이를 잃은 슬픔을 이르는 말

05 봄 : 청명 = 가을 : (   )

① 곡우
② 소만
③ 망종
④ 우수
⑤ 상강

정답 해설 한 해를 스물넷으로 나눈 절기(節氣) 중 '청명(淸明)'은 4월 5일 무렵의 봄의 절기이다. 따라서 빈칸에는 가을의 절기에 해당하는 '상강(霜降)'이 들어가야 한다.

TIP 24절기

봄	여름	가을	겨울
입춘(立春), 우수(雨水) 경칩(驚蟄), 춘분(春分) 청명(淸明), 곡우(穀雨)	입하(立夏), 소만(小滿) 망종(芒種), 하지(夏至) 소서(小暑), 대서(大暑)	입추(立秋), 처서(處暑) 백로(白露), 추분(秋分) 한로(寒露), 상강(霜降)	입동(立冬), 소설(小雪) 대설(大雪), 동지(冬至) 소한(小寒), 대한(大寒)

06 눈 : (   ) = 카메라 : 렌즈

① 망막
② 홍채
③ 동공
④ 수정체
⑤ 모양체

우리 신체 기관인 '눈'에서 카메라의 렌즈와 같이 빛을 모아주는 역할을 하는 것은 '수정체'이다.

① '망막'은 필름과 같이 영상이 맺힌다.

② '홍채'는 카메라의 조리개와 같이 빛의 양을 조절하는 역할을 한다.

07 온도계 : 측정 = 전보 : (　　)

① 전출　② 통지
③ 전기　④ 전선
⑤ 책정

정답해설
- **측정** : 어떤 양의 크기를 기계나 장치로 잼
- **전보** : 전신(電信)으로 단시간에 보내는 통신
- **통지** : 기별하여 알림

① **전출** : 딴 곳으로 이주하여 감
④ **전선** : 전류가 흐르도록 하는 도체로서 쓰는 선
⑤ **책정** : 계획이나 방책을 세워 결정함

08 스티브잡스 : 애플 = 마크 주커버그 : (　　)

① SNS　② SMS
③ 트위터　④ 페이스북
⑤ 마이스페이스

정답해설
스티브 잡스(Steve Jobs)는 컴퓨터 소프트웨어와 개인용 컴퓨터를 생산하는 애플사(Apple Inc.)의 공동설립자이다. 또한 마크 주커버그(Mark Zuckerberg)는 소셜 네트워크서비스인 페이스북(Facebook)의 공동설립자이자 최고경영자이므로 빈칸에 들어갈 단어는 페이스북이다.

SNS(Social Networking Service)
온라인상에서 이용자들이 인맥을 새롭게 쌓거나 기존 인맥과의 관계를 강화할 수 있게 하는 서비스다.

09 OPEC : 석유 = IAEA : (　　)

① 석탄　　② 환경
③ 철광석　　④ 에너지
⑤ 원자력

정답해설 OPEC은 석유수출기구, IAEA는 국제원자력기구의 약칭이다.
- OPEC : 국제석유자본(석유 메이저)에 대한 발언권을 강화하기 위하여 결성된 조직
- IAEA : 원자력의 평화적 이용을 위한 연구와 국제적인 공동관리를 위하여 설립된 국제기구

10 시계 : 시침 = 단어 : (　　)

① 구　　② 절
③ 문장　　④ 형태소
⑤ 띄어쓰기

정답해설 시침은 시계의 구성요소이다. 따라서 빈칸에는 단어의 구성요소인 형태소가 들어가야 한다.

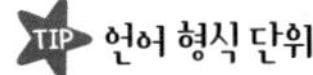

TIP 언어 형식 단위

문장(文章) 〉 절(節) 〉 구(句) 〉 단어(單語) 〉 형태소(形態素) 〉 음운(音韻)

정답 07 ② | 08 ④ | 09 ⑤ | 10 ④

11 거만 : 겸손 = 거시 : (　　)

① 관조　② 착시
③ 안목　④ 관망
⑤ 미시

정답 해설

- **거만** : 잘난 체하며 남을 업신여기는 데가 있음
- **겸손** : 남을 높이고 자신을 낮추는 태도가 있음
- **거시** : 어떤 대상을 전체적으로 크게 봄
- **미시** : 작게 보임. 또는 작게 봄

12 삼강 : 군위신강 = 오륜 : (　　)

① 입신양명　② 군신유의
③ 치양지설　④ 부위부강
⑤ 거경궁리

- **삼강(三綱)** : 군위신강(君爲臣綱), 부위자강(父爲子綱), 부위부강(夫爲婦綱)
- **오륜(五倫)** : 부자유친(父子有親), 군신유의(君臣有義), 부부유별(夫婦有別), 장유유서(長幼有序), 붕우유신(朋友有信)

① **입신양명(立身揚名)** : 출세하여 이름을 세상에 떨침을 이르는 말이다.

13 개헌 : 호헌 = 개혁 : (　　)

① 개선　　② 계몽
③ 혁신　　④ 발전
⑤ 수구

정답 해설 개헌은 헌법을 고치는 것이고, 호헌은 헌법을 옹호하는 것이다(반의어 관계). 개혁은 정치 체제나 사회 제도 등을 합법적 · 점진적으로 새롭게 고쳐 나가는 것이고, 수구는 묵은 관습이나 제도를 그대로 지키고 따르는 것이다.

14 앤디 워홀 : (　　) = 백남준 : 비디오아트

① 팝아트　　② 옵아트
③ 그래피티　　④ 미니멀리즘
⑤ 키네틱 아트

정답 해설 백남준은 비디오아트(video art)의 선구자이며, 앤디 워홀(Andy Warhol)은 미국 팝아트(pop art)의 선구자이다.

① **팝아트(pop art)** : 일상에서 자주 쓰이는 대중적인 상품의 이미지에서 제재를 찾았던 미술이다.
② **옵아트(optical art)** : 추상적 무늬와 색상을 반복하여 표현함으로써 실제로 화면이 움직이는 듯한 착각을 일으키게 하는 미술이다.
③ **그래피티(graffiti)** : 건축물의 벽면, 교각 등에 스프레이 페인트로 거대한 그림 등을 그리는 미술이다.
④ **미니멀리즘(minimalism)** : 되도록 소수의 단순한 요소로 최대 효과를 이루려는 사고방식이다.
⑤ **키네틱 아트(kinetic art)** : 어떠한 수단이나 방법에 의하여 움직임을 나타내는 작품의 총칭이다.

정답 11 ⑤ | 12 ② | 13 ⑤ | 14 ①

15 한약 : 제 = 바늘 : (　　)

① 쌈　② 쾌
③ 접　④ 타래
⑤ 아름

정답해설 '제'는 한약을 세는 단위로 탕약 스무 첩이 한 제이고, '쌈'은 바늘을 세는 단위로 바늘 스물 네 개가 한 쌈이다.

② **쾌** : 1. 북어를 묶어 세는 단위로 한 쾌는 북어 스무 마리를 이른다. 2. 엽전을 묶어 세던 단위로 한 쾌는 엽전 열 냥을 이른다.

③ **접** : 채소나 과일 따위를 묶어 세는 단위로 한 접은 채소나 과일 백 개를 이른다.

④ **타래** : 사리어 뭉쳐 놓은 실이나 노끈 따위의 뭉치를 세는 단위이다.

⑤ **아름** : 1. 둘레의 길이를 나타내는 단위이다. 2. 두 팔을 둥글게 모아 만든 둘레 안에 들 만한 분량을 세는 단위이다.

16 호모 사피엔스 : 지혜 = 호모 루덴스 : (　　)

① 불　② 손
③ 유희　④ 언어
⑤ 직립

정답해설 호모 사피엔스(Homo Sapiens)는 '지혜가 있는 사람'이라는 의미이며, 호모 루덴스(Homo Ludens)는 '유희의 인간'이라는 의미이다.

17 브라질 : 헤알 = 러시아 : (　　)

① 엔　② 페소
③ 루블　④ 위안
⑤ 루피

정답 해설 '헤알(real)'은 브라질의 화폐 단위이므로 빈칸에는 러시아의 화폐 단위인 '루블(rubl)'이 들어가야 한다.
① 엔(en)은 일본의 화폐 단위이다.
② 페소(peso)는 라틴아메리카 몇몇 나라와 필리핀에서 쓰이는 화폐 단위이다.
④ 위안(yua'n)은 중국의 화폐 단위이다.
⑤ 루피(rupee)는 인도 · 파키스탄 · 스리랑카 · 네팔 등의 화폐 단위이다.

18 재판관 : 판결 = 배심원 : (　　)

① 평결　② 기소
③ 구형　④ 변호
⑤ 변론

정답 해설 재판관은 판결(判決)을 하고 배심원은 평결(評決)을 한다.
- **배심원** : 법률 전문가가 아닌 일반 국민 가운데 선출되어 심리나 재판에 참여하고 사실 인정에 대하여 판단을 내리는 사람이다.

②, ③ 기소와 구형은 검사가 한다.
④, ⑤ 변호와 변론은 변호사가 담당한다.

정답 15 ① | 16 ③ | 17 ③ | 18 ①

19 서름서름하다 : (　　) = 앵돌아지다 : 토라지다

① 알음하다
② 옴팡지다
③ 헤살하다
④ 서먹서먹하다
⑤ 애면글면하다

정답해설 '앵돌아지다'는 '노여워서 토라지다.'라는 의미를 가진 단어로 '토라지다'와 유의어관계이다. 따라서 빈칸에는 '서름서름하다'와 비슷한 말인 '서먹서먹하다'가 들어가야 한다.

• **서름서름하다** : 사이가 자연스럽지 못하고 매우 서먹서먹하다.

① **알음하다** : 어떤 일을 알아보거나 맡아보다.

② **옴팡지다** : 1. 보기에 가운데가 좀 오목하게 쏙 들어가 있다. 2. 아주 심하거나 지독한 데가 있다.

③ **헤살하다** : 일을 짓궂게 훼방하다.

⑤ **애면글면하다** : 몹시 힘에 겨운 일을 이루려고 갖은 애를 쓰다.

20 우수리 : 잔돈 = 도롱이 : (　　)

① 등불
② 함정
③ 신발
④ 비옷
⑤ 장작

정답해설 '우수리'는 물건 값을 제하고 거슬러 받는 잔돈을 뜻하는 우리말이다. 또한 '도롱이'는 짚, 띠 따위로 엮어 허리나 어깨에 걸쳐 두르는 비옷을 뜻하는 말이다.

소요시간		채점결과	
목표시간	3분 20초	총 문항수	20문항
실제 소요시간	(　)분 (　)초	맞은 문항 수	(　　)문항
초과시간	(　)분 (　)초	틀린 문항 수	(　　)문항

기출유형분석

문제풀이 시간 : 15초

▶ 다음 중 ⓐ, ⓑ에 들어갈 단어가 순서대로 바르게 연결된 것을 고르시오.

영겁 : 찰나 = (ⓐ) : (ⓑ)

① 고의, 과실
② 공헌, 기여
③ 짐짓, 일부러
④ 효용, 효능
⑤ 틀, 얼개

정답 해설 '영겁(永劫)'과 '찰나(刹那)'는 반의어관계이다. 따라서 ⓐ와 ⓑ에는 반의어관계인 '고의(故意)'와 '과실(過失)'이 들어가야 한다.

- **영겁(永劫)** : 영원한 세월을 이르는 말이다.
- **찰나(刹那)** : 매우 짧은 시간을 이르는 말이다.

① **고의(故意)** : 일부러 하는 생각이나 태도를 이르는 말이다.
과실(過失) : 부주의나 태만 따위에서 비롯된 잘못이나 허물을 이르는 말이다.

오답 해설 ②, ③, ④, ⑤ 모두 유의어관계이다.

- **얼개** : 어떤 사물이나 조직의 전체를 이루는 짜임새나 구조를 이르는 말이다. ㊴ 골자, 짜임, 구조, 뼈대

핵심 정리 빈칸이 하나만 제시되는 단어의 상관관계보다 심화된 유형이다. 신속한 풀이 과정이 요구되는 CJ CAT의 특성상 주의가 요구되는 문제이다.

정답 ①

Part I
Part II
Part III
Part IV

[01~20] 다음 중 ⓐ, ⓑ에 들어갈 단어가 순서대로 바르게 연결된 것을 고르시오.

총 문항 수 : 20문항 | 총 문제풀이 시간 : 5분 | 문항당 문제풀이 시간 : 15초

이 문제 중요!

01 (ⓐ) : 도토리 = 송편 : (ⓑ)

① 밤, 소
② 쌀, 견과류
③ 떡갈나무, 솔잎
④ 떡, 전병
⑤ 도토리묵, 멥쌀가루

정답해설 음식과 그 재료의 관계가 되기 위해서는 ⓐ에는 '도토리묵'이 ⓑ에는 '멥쌀가루'가 들어가는 것이 적절하다.

- **도토리묵** : 도토리의 앙금을 되게 쑤어 굳힌 음식이다.
- **송편** : 멥쌀가루를 반죽하여 팥, 콩, 밤, 대추, 깨 따위로 소를 넣고 반달이나 모시조개 모양으로 빚어서 솔잎을 깔고 찐 떡으로 흔히 추석 때 빚는다.

02 고구마 : (ⓐ) = (ⓑ) : 줄기

① 열매, 더덕
② 뿌리, 토마토
③ 줄기, 당근
④ 뿌리, 감자
⑤ 감자, 당근

정답해설 고구마는 뿌리에 달린 뿌리식물이며, 감자는 줄기부분에 달린 줄기식물이다.

03 새벽 : (ⓐ) = 저녁 : (ⓑ)

① 석양, 땅거미
② 갓밝이, 해거름
③ 땅거미, 달구리
④ 해름, 갓밝이
⑤ 해넘이, 땅거미

'갓밝이'는 날이 막 밝을 무렵 즉, 새벽을 이르는 말이다. 또한 '해거름(해름)'은 해가 서쪽으로 넘어가는 때인 저녁을 이르는 말이다.

- **땅거미** : 해가 진 뒤 어스레한 상태. 또는 그런 때를 이르는 말이다.
- **달구리** : 이른 새벽의 닭이 울 때를 이르는 말이다.
- **해넘이** : 해가 막 넘어가는 때. 또는 그런 현상을 이르는 말이다.

04 경제협력개발기구 : OECD = (ⓐ) : (ⓑ)

① OPEC, 국제노동기구
② 세계기상기구, WHO
③ 국제원자력기구, IAEA
④ WMO, OPEC
⑤ WMO, 세계무역기구

OECD는 경제협력개발기구[Organisation for Economic Co-operation and Development]의 약자이다. 따라서 ⓐ와 ⓑ에는 국제원자력기구[International Atomic Energy Agency]와 그 약자인 IAEA가 순서대로 들어가는 것이 적절하다.

- 국제노동기구 [ILO, International Labour Organization]
- 세계기상기구 [WMO, World Meteorological Organization]
- 세계무역기구 [WTO, World Trade Organization]

정답 01 ⑤ | 02 ④ | 03 ② | 04 ③

05 지식(知識) : 견식(見識) = (ⓐ) : (ⓑ)

① 폐업(閉業), 개업(開業)
② 학업(學業), 학생(學生)
③ 창업(創業), 휴업(休業)
④ 전업(專業), 주부(主婦)
⑤ 개업(開業), 창업(創業)

정답 해설 지식(知識)과 견식(見識) 유의어 관계이다. 따라서 ⓐ와 ⓑ에는 유의어 관계인 개업(開業)과 창업(創業)이 들어가야 한다.

이 문제 중요!

06 도로(道路) : 국도(國道) = (ⓐ) : (ⓑ)

① 스승, 제자
② 우측, 좌측
③ 부모, 자녀
④ 남편, 아내
⑤ 다각형, 사각형

정답 해설 '도로(道路)'와 '국도(國道)'는 상하관계이므로 ⓐ와 ⓑ에는 '다각형'과 '사각형'이 들어가는 것이 적절하다.

- **국도(國道)** : 나라에서 직접 관리하는 도로로 고속 국도와 일반 국도가 있다.
- **다각형** : 셋 이상의 직선으로 둘러싸인 평면 도형으로 삼각형, 사각형, 오각형 등이 포함된다.

①, ②, ③, ④ 어떤 의미를 보다 명확하게 하기 위하여 대응되는 상대(相對)관계에 해당한다.

07 (ⓐ) : 올랭피아 = (ⓑ) : 타히티의 여인들

① 마네, 고갱
② 고흐, 르누아르
③ 프랑스, 인상파
④ 회화, 조소
⑤ 해바라기, 게르니카

정답해설 〈올랭피아〉는 프랑스의 화가 마네의 작품이고, 〈타히티의 여인들〉은 프랑스의 화가 고갱의 작품이다.

인상파

19세기 후반 프랑스에서 활동한 인상주의를 신봉한 유파이다. 표현 대상의 고유한 색채보다 그 색조를 분할하여 외광의 효과를 주로 하여 원색의 강렬한 색감으로 표출하였다.

08 이순신 : (ⓐ) = 권율 : (ⓑ)

① 좌수사, 통신사
② 임진왜란, 병자호란
③ 살수대첩, 귀주대첩
④ 한산대첩, 행주대첩
⑤ 거북선, 난중일기

정답해설 '한산대첩(한산도대첩)'은 조선 선조 25년(1592)에 한산도 앞바다에서 이순신 장군이 왜군과 싸워 크게 이긴 전투이다. 또한 '행주대첩'은 조선 선조 26년(1593)에 전라도 순찰사 권율이 행주산성에서 왜적을 크게 물리친 전투이다.

- **임진왜란 3대첩** : 한산도대첩(이순신), 행주대첩(권율), 진주성대첩(김시민)

정답 05 ⑤ | 06 ⑤ | 07 ① | 08 ④

09 주판 : (ⓐ) = (ⓑ) : 이동

① 수학, 공학
② 바퀴, 자동차
③ 자동차, 자전거
④ 의자, 계산
⑤ 계산, 자전거

정답해설 주판은 (ⓐ 계산)을 위해 사용되며, (ⓑ 자전거)는 이동을 위해 사용된다.

10 강유(剛柔) : 흑백(黑白) = (ⓐ) : (ⓑ)

① 사업(事業), 의복(衣服)
② 빈부(貧富), 대소(大小)
③ 송죽(松竹), 부모(父母)
④ 해양(海洋), 고저(高低)
⑤ 청산(靑山), 백운(白雲)

정답해설 '강유(剛柔)'와 '흑백(黑白)'은 서로 반대되는 의미를 가진 한자가 만나 이루어진 대립관계의 한자어이다. 따라서 ⓐ와 ⓑ에는 대립관계의 한자어인 '빈부(貧富)'와 '대소(大小)'가 들어가는 것이 적절하다.

① 서로 비슷한 뜻을 가진 한자로 이루어진 한자어들이다.
③ 서로 대등한 의미를 가진 한자가 만나 이루어진 한자어들이다.
④ '해양(海洋)'은 유사관계, '고저(高低)'는 대립관계의 한자어이다.
⑤ '청산(靑山)', '백운(白雲)'은 수식관계의 한자어이다.

이 문제 중요!

11 봉래산 : (ⓐ) = (ⓑ) : 가을

① 풍악산, 봄
② 백두산, 겨울
③ 여름, 풍악산
④ 가을, 개골산
⑤ 금강산, 계절

정답 해설 금강산의 계절별 명칭

- 봄 : 금강산(金剛山)
- 여름 : 봉래산(蓬萊山)
- 가을 : 풍악산(楓嶽山)
- 겨울 : 개골산(皆骨山)

12 (ⓐ) : 고수온 = (ⓑ) : 저수온

① 엘니뇨, 라니냐
② 라니냐, 엘니뇨
③ 윌리윌리, 엘니뇨
④ 기후, 윌리윌리
⑤ 윌리윌리, 저기압

정답 해설

- 엘니뇨(el Niño) : 열대 동태평양 지역의 바닷물 온도가 평균 수온보다 높아지는 현상으로, 2~7년마다 한 번씩 발생하여 세계 각지에 홍수 · 가뭄 · 폭설 등 기상이변을 일으킨다.
- 라니냐(la Niña) : 엘니뇨와 반대되는 현상으로 동태평양에서 평년보다 낮은 저수온 현상이 3개월 이상 일어나는 이상 해류 현상이다.
- 윌리윌리(willy–willy) : 오스트레일리아에서 발생하는 큰 열대성 저기압을 이르는 말이다.

정답 09 ⑤ | 10 ② | 11 ③ | 12 ①

이 문제 중요!

13 모도리 : (ⓐ) = (ⓑ) : 허약한 사람

① 인색한 사람, 따라지
② 따라지, 엉뚱한 사람
③ 여무진 사람, 골비단지
④ 골비단지, 미련한 사람
⑤ 안다니, 인색한 사람

정답해설 '모도리'는 빈틈없이 아주 여무진 사람을 이르는 말이며, '골비단지'는 몹시 허약하여 늘 병으로 골골거리는 사람을 속되게 이르는 말이다.
① **따라지** : 보잘것없거나 하찮은 처지에 놓인 사람이나 물건을 속되게 이르는 말이다.
⑤ **안다니** : 무엇이든지 잘 아는 체하는 사람을 이르는 말이다.

14 가오리 : 간자미 = (ⓐ) : (ⓑ)

① 어류, 조류
② 곰, 능소니
③ 민물고기, 바닷물고기
④ 고도리, 꺼병이
⑤ 능소니, 고도리

정답해설 가오리의 새끼를 이르는 말은 '간자미'이며, 곰의 새끼를 이르는 말은 '능소니'이다.
④ **고도리** : 고등어의 새끼를 이르는 말이다.
⑤ **꺼병이** : 꿩의 어린 새끼를 이르는 말이다.

15 (ⓐ) : (ⓑ) = 횡단 : 종단

① 우연, 필연
② 필연, 확연
③ 무단, 대륙
④ 시작, 시초
⑤ 단면, 단면적

정답 해설 '횡단(橫斷)'과 '종단(縱斷)'은 반의어관계이다. 따라서 ⓐ와 ⓑ에는 반의어관계인 '우연(偶然)'과 '필연(必然)'이 들어가는 것이 적절하다.

- **우연(偶然)** : 아무런 인과관계가 없이 뜻하지 아니하게 일어난 일을 이르는 말이다.
- **필연(必然)** : 사물의 관련이나 일의 결과가 반드시 그렇게 될 수밖에 없음을 이르는 말이다.

16 병인양요 : (ⓐ) = 운요호 사건 : (ⓑ)

① 프랑스, 일본
② 미국, 프랑스
③ 천주교, 기독교
④ 강화도, 주문진
⑤ 흥선대원군, 명성황후

- **병인양요** : 대원군의 가톨릭 탄압으로 조선 고종 3년(1866)에 프랑스 함대가 강화도를 침범한 사건이다.
- **운요호(운양호) 사건** : 조선 고종 12년(1875)에 일본 군함 운양호의 강화 해협 불법 침입으로 발생한 한일 간의 충돌 사건이다.

정답 13 ③ | 14 ② | 15 ① | 16 ①

17 행성 : (ⓐ) = (ⓑ) : 붙박이별

① 우주, 천체
② 항성, 꼬리별
③ 떠돌이별, 항성
④ 금성, 목성
⑤ 혜성, 떠돌이별

정답해설 '떠돌이별'은 행성(行星)을 이르는 말이고, '붙박이별'은 항성(恒星)을 이르는 말이다.

- **혜성** : 가스 상태의 빛나는 긴 꼬리를 끌고 태양을 초점으로 긴 타원이나 포물선에 가까운 궤도를 그리며 운행하는 천체이다. ㊥ 살별, 꼬리별

18 종종히 : (ⓐ) = (ⓑ) : 가장자리

① 가끔, 가녘
② 총총히, 가닥
③ 자주, 진작
④ 갓길, 총총히
⑤ 진작, 갓길

정답해설 '종종히'와 '가끔', '가녘'과 '가장자리'는 같은 말이다.

④ **갓길** : 고속 도로나 자동차 전용 도로 따위에서 자동차가 달리도록 되어 있는 도로 폭 밖의 가장자리를 이르는 말이다.

19 상고대 : (ⓐ) = 먼지잼 : (ⓑ)

① 눈, 안개
② 서리, 비
③ 는개, 벽력
④ 벽력, 서리
⑤ 눈, 비

정답 해설 '상고대'는 서리를 '먼지잼'은 비를 이르는 말이다.

- **상고대** : 나무나 풀에 내려 눈처럼 된 서리를 이르는 말이다.
- **먼지잼** : 비가 겨우 먼지나 날리지 않을 정도로 조금 옴을 이르는 말이다.

③ **는개** : 안개보다는 조금 굵고 이슬비보다는 가는 비를 이르는 말이다.
벽력 : 공중의 전기와 땅 위의 물체에 흐르는 전기 사이에 방전 작용으로 일어나는 자연현상이다.
= 벼락

20 오상고절 : (ⓐ) = (ⓑ) : 대나무

① 오월동주, 소나무
② 충신, 간신
③ 매화, 세한고절
④ 국화, 세한고절
⑤ 겨울, 여름

- **오상고절(傲霜孤節)** : 서릿발이 심한 추위 속에서도 굴하지 않고 홀로 꼿꼿하다는 뜻으로 '충신' 또는 '국화'를 뜻한다.
- **세한고절(歲寒孤節)** : 추운 계절에도 홀로 푸르른 대나무를 이르는 말이다.

① **오월동주(吳越同舟)** : 오나라 사람과 월나라 사람이 한 배에 타고 있다는 뜻으로 어려운 상황에서는 원수라도 협력하게 됨, 뜻이 전혀 다른 사람들이 한자리에 있게 됨을 이르는 말이다.

소요시간		채점결과	
목표시간	5분	총 문항수	20문항
실제 소요시간	( )분 ( )초	맞은 문항 수	( )문항
초과시간	( )분 ( )초	틀린 문항 수	( )문항

2. 독해(1)

기출유형분석

⏰ 문제풀이 시간 : 40초

▶ 다음 글의 논지를 뒷받침할 수 있는 논거로 가장 적절한 것은?

그들은 또 우리 민족이 선천적으로 혹은 숙명적으로 당파적 민속성을 가지고 있으며, 이것이 민족적 단결을 파괴하여 독립을 유지할 수가 없게 되었다고 주장하였다. 그러나 근본적으로 말한다면 민족성이 역사의 산물인 것이지 역사가 민족성의 산물인 것은 아니다. 그러니까 그들의 주장은 거꾸로 되어 있는 것이다. 게다가 국내의 대립 항쟁이 없는 민족이란 어디에서도 찾아볼 수가 없을 것이며, 한때 지방분권적이었던 일본에서 이 점은 더욱 심하였다. 그리고 흔히 조선 시대의 붕당(朋黨)을 말하자면, 그것이 선천적인 민족성의 소산이었다면 한국사의 시초부터 있었어야 옳았을 것이다. 그런데 붕당은 16세기에 이르러서야 발생하였다. 이것은 붕당의 발생이 역사적 산물이었음을 말해주는 것이다.

① 붕당(朋黨)은 우리 민족의 선천적인 민족성을 대표하는 산물이다.

② 개인마다 성격이 다르듯이 각 민족마다 지닌 고유의 기질이 독특한 문화를 만든다.

③ 나라마다 자연환경이 다르듯이 민족성은 자연환경에 적응하며 살아가는 과정에서 얻어진 것이다.

④ 민족성이란 문화적 상호작용의 결과로서 어떤 민족이 생성 · 발전하는 중에 고유한 특징으로 나타나는 것이다.

⑤ 신앙이나 사상은 바뀌지만 혈통적인 민족만은 공동체의 인연에 얽힌 한 몸으로서 이 땅위에 살게 되는 것이다.

정답 해설 우리 민족이 선천적으로 당파적 민족성을 가지고 있어 독립을 유지할 수 없다는 말에 대한 반론을 펼치며, 그 예로 붕당의 발생은 타고난 성품에 의한 것이 아니라 역사적 산물(후천적인 영향, 환경에 의한)에 의한 것이라고 말하고 있다. 따라서 이에 대한 논거로 민족성이란 타고나는 것이 아닌 후천적인 영향에 의한 것이라는 내용이 적당하다.

정답 ④

[01~20] 다음 글을 읽고 물음에 답하시오.

총 문항 수 : 20문항 | 총 문제풀이 시간 : 13분 20초 | 문항당 문제풀이 시간 : 40초

01 다음 글의 주제로 알맞은 것은?

상업성에 치중한다는 이미지를 극복하기 위해 자사 브랜드를 의도적으로 노출하지 않는 '노 브랜드 콜라보레이션'이 도입되고 있다. 그 사례로 한 기업이 특정 예술 작품을 모티프로 한 기획전을 콜라보레이션 형태로 진행하되, 일반인은 기획전을 관람하면서도 직접적으로 해당 기업의 존재를 알아차리지 못했던 경우를 들 수 있다. 이는 소비자들의 브랜드에 대한 긍정적인 인식이 반드시 구매라는 시장 반응으로 연결되지는 않는다는 한계를 소비자들의 감성에 호소하는 방법을 통해 극복하기 위한 하나의 대안이기도 하다.

① 콜라보레이션의 의의
② 콜라보레이션의 다양한 유형
③ 콜라보레이션의 개념과 기원
④ 노 브랜드 콜라보레이션의 특징과 한계
⑤ 노 브랜드 콜라보레이션의 도입과 그 이유

상업성에 치중한다는 이미지를 극복하기 위해 '노 브랜드 콜라보레이션'이 도입되었음을 밝히고 있다.

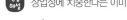

TIP 콜라보레이션(Collaboration)

'모두 일하는' 혹은 '협력하는 것'을 의미하며, 공동 출연, 경연, 합작, 공동 작업을 뜻한다. 르네상스 시기의 이탈리아 피렌체의 메디치 가(家)와 밀라노의 스포르차 가(家) 등 당대 명문가들이 라파엘로, 레오나르도 다빈치, 미켈란젤로와 같은 예술가들을 후원함으로써 그들의 재능을 꽃피우게 한 데서 유래되었다.

정답 01 ⑤

02 다음 글의 주제로 알맞은 것은?

BBC 방송국에 의하면 지난해 인도에선 350만 병의 포도주가 소비되었다. 이에 따라 포도주 제조 및 수입회사들은 인도 전역의 대도시에서 포도주 시음행사를 열고 있다. 인도에서 프랑스산 포도주를 마시는 사람은 대개 영어를 유창하게 하고, 서구에서 교육받은 남녀들이다. 인도의 포도주 붐도 일본, 한국에서와 마찬가지로 건강요인이 작용하고 있다는 것이 현지 분석이다. 이제 인도 포도주는 서구 시장으로도 진출하고 있다. 인도에서 처음으로 포도주 생산을 시작한 술라 포도농원의 경우 미국, 이탈리아는 물론 프랑스에까지 수출하고 있다. 이 회사는 현재 생산설비를 대대적으로 확충하고 있다. 현재 연 50만 병 규모를 150만 병으로 늘릴 예정이다. 인도의 포도주 소비가 앞으로 5년 간 연 30%씩 증가할 것이란 예측을 바탕으로 한 증설이다.

① 중산층의 포도주 소비
② 인도의 포도주 제조
③ 포도주의 소비 계층
④ 인도의 포도주 붐
⑤ 포도주와 수명

정답 해설 제시된 글은 인도에서 일어나고 있는 포도주 붐(Boom)에 대해 구체적인 자료를 바탕으로 서술하고 있다. 따라서 글의 주제로 적절한 것은 '인도의 포도주 붐'이다.

03 다음 글의 주제로 알맞은 것은?

인간의 몸은 이원론적 세계관이 지배적이었던 서구 역사에서 오랫동안 정신에 종속된 하위의 존재로 홀대당해 왔다. 특히 계획과 합리적 행위를 우선시하는 산업 사회로의 발전 과정에서 인간은 자신의 몸을 훈육하도록 교육받았으며 자연히 육체의 욕구는 더욱 폄하되고 억압되었다. 그러나 현대로 오면서 몸은 새롭게 평가되기 시작했다.

기존 가치들의 전복을 꾀한 니체의 철학은 몸에 대한 새로운 이해를 하도록 이끌었다. 니체는 기존의 플라톤적 육체관을 비판하면서 몸을 철학의 중심 테마로 끌어올렸다. 즉 인간의 본질적 가치를 이성이나 영혼(정신)으로 파악했던 기존의 사고에 반대하여 몸을 인간 존재의 가장 중요한 부분으로 파악했다.

그동안 음악이나 미술과 달리 춤은 오랫동안 독립된 예술 장르로 인정받지 못했는데 이는 춤의 표현 수단이었던 몸에 대한 부정적 인식에 기인한 결과였다. 이제 춤은 몸에 대한 새로운 자각과 더불어 이성의 언어를 대치할 예술의 중심 장르로 격상되었다. 육체의 자유로운 표현으로서의 춤, 이성적 언어의 중개를 거치지 않는 직접적인 표현으로서의 춤은 현대 문명으로 인한 소외와 억압의 사슬을 끊고 자연성을 회복할 수 있는 매체로 새롭게 주목받게 된 것이다.

① 거대한 플라톤의 담론에서 파생된 여러 작은 담론들
② 몸과 춤을 주체적인 것으로 바라보려는 시각의 부상
③ 몸에 관한 관점을 단순한 사회 현상으로 치부하는 이론
④ 이성을 중시하는 이론과 몸을 중시하는 이론의 절충과 종합
⑤ 음악과 미술에 대해 춤을 독립된 예술로 변화시킨 시각의 실체

정답 해설 인간의 몸은 정신에 종속된 하위 존재로 홀대를 받았지만 몸에 대한 새로운 자각과 더불어 춤도 예술의 중심 장르로 격상되었다고 했으므로 주제는 '몸과 춤을 주체적인 것으로 바라보려는 시각의 부상'이 적절하다.

04 다음 글의 주제로 알맞은 것은?

우리는 비극을 즐긴다. 비극적인 희곡과 소설을 즐기고, 비극적인 그림과 영화 그리고 비극적인 음악과 유행가도 즐긴다. 슬픔, 애절, 우수의 심연에 빠질 것을 알면서도 소포클레스의 「안티고네」, 셰익스피어의 「햄릿」을 찾고, 베토벤의 '운명', 차이코프스키의 '비창', 피카소의 '우는 연인'을 즐긴다. 이를 동정과 측은과 충격에 의한 '카타르시스', 즉 마음의 세척으로 설명한 아리스토텔레스의 주장은 유명하다. 그것은 마치 눈물로 스스로의 불안, 고민, 고통을 씻어내는 역할을 한다는 것이다.

니체는 좀 더 심각한 견해를 갖는다. 그는 "비극은 언제나 삶에 아주 긴요한 기능을 가지고 있다. 비극은 사람들에게 그들을 싸고도는 생명 파멸의 비운을 똑바로 인식해야 할 부담을 덜어주고, 동시에 비극 자체의 암울하고 음침한 원류에서 벗어나게 해서 그들의 삶의 흥취를 다시 돋우어 준다."라고 하였다. 그런 비운을 직접 전면적으로 목격하는 일, 또 더구나 스스로 직접 그것을 겪는 일이라는 것은 너무나 끔찍한 일이기에, 그것을 간접경험으로 희석한 비극을 봄으로써 '비운'이란 그런 것이라는 이해와 측은지심을 갖게 되고, 동시에 실제 비극이 아닌 그 가상적인 환영(幻影) 속에서 비극에 대한 어떤 안도감도 맛보게 된다.

① 비극을 즐기는 이유
② 비극의 현대적 의의
③ 비극의 기원과 역사
④ 비극의 종류와 특징
⑤ 비극에 반영된 삶

정답 해설 제시된 글은 첫 번째 단락에서는 아리스토텔레스의 주장을 예로 들어 '비극의 효용'에 대해서 말하고 있으며 두 번째 단락에서는 니체의 견해를 예로 들어 '비극의 기능'에 대해서 말하고 있다. 두 단락의 내용을 종합했을 때, 이 글의 주제로 가장 적합한 것은 '비극을 즐기는 이유'이다.

05 다음 글의 주제문으로 알맞은 것은?

두레는 노동하는 과정에서 놀이가 결합되었으며, 김매기가 끝나는 백중에 '술멕이'를 벌이는 축제 공동체였다. 뜨거운 뙤약볕 아래에서 노동을 하는 것은 매우 고통스러운 것이지만 두레와 같은 집단 노동에서는 선소리꾼이 앞소리를 메기고 농군들이 이를 되받는 과정이 반복되면서 노동의 고됨을 잊게 된다. 이러한 노동과 놀이의 결합은 노동의 고통에서 오는 힘의 소진과 육체의 피로를 일하는 과정에서 회복하려는 민중의 지혜를 반영한 것이라고 할 수 있다. 작업이 끝나면 마을로 돌아오는 길에 호미를 씻고 길군악에 맞추어 행진을 하면서 마을로 들어왔다. 이 과정에서 노동의 피로를 신명으로 푸는 놀이판을 벌이기도 했다. 이때 노는 풍물판은 마을의 대동단결을 도와주는 장이었고, 아이들에게 풍물이 전수되는 공간이기도 했다.

① 두레는 조선 후기의 농업 생산력 발전과 관련이 깊다.
② 두레는 농업 생산력 확대를 위한 농법의 변화와 관련이 깊다.
③ 두레는 토지 소유의 양극화가 심화되면서 그 성격이 변화했다.
④ 두레는 노동 과정에서 놀이와 결합하였으며 풍물의 전승과 관련이 깊다.
⑤ 두레는 특정 시기에 많은 노동력이 요구됨에 따라 농촌 사회에 정착되었다.

정답해설 지문을 통해서 두레는 노동의 피로를 푸는 화합과 놀이의 장이 되었으며, 이 과정에서 벌이는 놀이판이 풍물 전수와 관련 깊음을 알 수 있다.

06 다음 글의 주제문으로 알맞은 것은?

서로 공유하고 있는 이익의 영역이 확대되면 적국을 뚜렷이 가려내기가 어려워진다. 고도로 상호 작용하는 세계에서 한 국가의 적국은 동시에 그 국가의 협력국이 되기도 한다. 한 예로 소련 정부는 미국을 적국으로 다루는 데 있어서 양면성을 보였다. 그 이유는 소련이 미국을 무역 협력국이자 첨단 기술의 원천으로 필요로 했기 때문이다.

만일 중복되는 국가의 이익의 영역이 계속 증가하게 되면 결국에 한 국가의 이익과 다른 국가의 이익이 같아질까? 그건 아니다. 고도로 상호 작용하는 세계에서 이익과 이익의 충돌은 사라지는 것이 아니다. 단지 수정되고 변형될 뿐이다. 이익이 자연스럽게 조화되는 일은 상호 의존과 진보된 기술로부터 나오지는 않을 것이다. 유토피아란 상호 작용 또는 기술 연속체를 한없이 따라가더라도 발견되는 것은 아니다. 공유된 이익의 영역이 확장될 수는 있겠지만, 가치와 우선순위의 차이와 중요한 상황적 차이 때문에 이익 갈등은 계속 존재하게 될 것이다.

① 주요 국가들 간의 상호 의존적 국가 이익은 미래에 빠른 속도로 증가할 것이다.
② 국가 간에 공유된 이익의 확장은 이익 갈등을 변화시키기는 하지만 완전히 소멸시키지는 못한다.
③ 국가 이익은 기술적 진보의 차이와 상호 작용의 한계를 고려할 때 궁극적으로는 실현 불가능할 것이다.
④ 세계 경제가 발전해 가면서 더 많은 상호 작용이 이루어지고 기술이 발전함에 따라 국가 이익들은 자연스럽게 조화된다.
⑤ 국가 간에 상황적 차이는 존재하지만, 공유된 이익의 영역이 확장된다면 그 상황적 차이를 극복할 수 있게 된다.

정답 해설 제시문은 국가 간 상호 작용 과정에서 서로 공유하는 이익이 증가하면 각 국가의 이익이 함께 증가할 것인가에 관한 문제 제기와 그에 따른 필자의 주장을 제시한 글이다. 제시문에서는 '중복되는 국가 이익의 영역이 계속 증가하더라도 고도로 상호 작용하는 세계에서 이익 갈등은 사라지는 것이 아니라 단지 수정되고 변형될 뿐이다.'라고 언급하고 있다. 따라서 글의 주제문으로 적절한 것은 ②이다.

07 다음 글의 주제문으로 알맞은 것은?

말은 그 겨레의 삶의 역사 속에서 자라난, 정신적인 깊이를 간직하고 있을 뿐만 아니라 미래를 형성할 수 있는 가능성을 열어준다. 말은 그 자체가 고정적인 하나의 의미를 가진 것이 아니고 사용하는 데 따라서 새로운 의미를 갖게 된다. 또한 철학적인 의미를 표현하는 말들도 곧 통속적인 유행말로 굳어져 그 생동성과 깊이를 잃어버리고 의미가 변질될 수도 있다. 그러므로 철학자는 알맞은 말의 발견을 통해서 큰 즐거움을 맛보기도 하지만 말의 경화와 의미 상실을 통해서 큰 고통을 경험하기도 한다. 그런데 철학적인 표현뿐만 아니라 모든 언어생활에 있어서 이러한 경화와 의미 상실을 완전히 회피할 수는 없다는 데에 말의 숙명이 있다. 따라서 우리는 말을 중요하게 다루지 않을 수 없지만, 그것은 또한 언제나 이른바 '말장난'으로 타락할 수도 있다는 것을 알아야 한다. 이것을 막기 위해서 우리는 말을 위한 말에 관심을 가질 것이 아니라, 말을 통하지 않고는 드러날 수도 없고 파악될 수도 없는 현실, 그러나 또한 굳은 말의 틀 안에만 머물러 있을 수 없는 현실에 관심을 가지면서 말을 다루어야 한다.

① 오래되고 굳어진 말은 언어로서의 기능을 잃어버리게 된다.
② 말은 그 생동적 힘에 의해 철학적 의미가 거듭해서 밝혀지게 된다.
③ 말은 현실을 묘사할 뿐만 아니라, 우리의 역사적인 삶을 창조하기도 한다.
④ 말의 경화와 의미 상실을 줄이기 위해서는 말에 대한 지속적인 관심이 필요하다.
⑤ 말의 창조적인 힘을 충분히 발휘시킬 수 있는 현실 안에서 말의 생동성을 살리는 것이 필요하다.

정답 해설 제시문은 말을 통해서만 드러나고 파악될 수 있는 현실, 틀 안에 머무르지 않는 현실에 관심을 가지고 말을 다루어야 말이 통속적으로 굳어버리거나, 의미가 변질 · 상실되는 것을 막을 수 있다고 주장하고 있다. 즉, 말이 생동감과 깊이를 잃지 않는 방안에 대해 언급하고 있음을 알 수 있다.

정답 06 ② | 07 ⑤

08 다음 글의 주제문으로 알맞은 것은?

신분 상승은 문화를 통해서만 이루어진다. 그런데 문화는 오랜 시간의 학습을 통해서만 형성된다. 일례로 어릴 때부터 미술과 음악을 가까이 했던 사람만이 어른이 되어서도 미술과 음악을 즐길 수 있다. 현대사회에서 음악이나 미술은 더 이상 가난한 천재의 고통스러운 수고를 통해 얻어진 결실이 아니다. 그것은 이제 계급적인 사치재가 되었다. 불평등은 경제 분야에만 있는 것이 아니라, 오히려 문화 분야에서 더욱 두드러진다. 재벌 총수나 거리의 미화원이 똑같은 스테이크와 똑같은 김치찌개를 먹을 수는 있지만, 베르디의 음악을 즐기는 상류층의 취향을 하류층은 이해할 수 없다. 경제와 마찬가지로 문화에서도 사람들은 표면적으로는 평등하지만 실제적으로는 사회적 상황과 교육수준에 따라 천차만별이다. 결국 문화적 고귀함은 일부 계층에게만 존재한다. 그러므로 진정 사회적 평등을 이루고 싶다면 문화를 저변에 보급하는 교육에 관심을 기울여야 한다.

① 음악과 미술은 신분을 나타내는 중요한 요소이다.
② 사회적 평등을 위해서는 상류층의 취향을 가르치는 교육이 필요하다.
③ 진정한 사회적 평등을 이루려면 문화에 대한 저변 확대가 이루어져야 한다.
④ 어렸을 때부터 음악과 미술을 가까이 하는 문화 조기교육에 관심을 기울여야 한다.
⑤ 문화의 평등이 곧 사회의 평등이므로, 문화만이 사회의 평등 정도를 측정하는 척도가 된다.

정답 해설 제시문은 불평등이 경제적 측면에서만 존재하는 것이 아니라 문화적인 면에서도 존재하며, 특히 문화적인 측면에서의 불평등은 쉽게 해결될 수 없다는 점에서 참된 사회적 평등을 이루기 위해서는 문화를 저변에 확대하는 교육이 필요하다고 주장한다. 필자의 궁극적인 주장은 마지막 문장에 잘 드러나 있다.

09 다음 글의 주제문으로 알맞은 것은?

신문이 진실을 보도해야 한다는 것은 새삼스러운 설명이 필요 없는 당연한 이야기이다. 정확한 보도를 하기 위해서는 문제를 전체적으로 보아야 하고, 역사적으로 새로운 가치의 편에서 봐야 하며, 무엇이 근거이고, 무엇이 조건인가를 명확히 해야 한다. 그런데 이러한 준칙을 강조하는 것은 기자들의 기사 작성 기술이 미숙하기 때문이 아니라, 이해관계에 따라 특정 보도의 내용이 달라지기 때문이다. 자신들에게 유리하도록 기사가 보도되게 하려는 외부 세력이 있으므로 진실 보도는 일반적으로 수난의 길을 걷게 마련이다. 신문은 스스로 자신들의 임무가 '사실 보도'라고 말한다. 그 임무를 다하기 위해 신문은 자신들의 이해관계에 따라 진실을 왜곡하려는 권력과 이익 집단, 그 구속과 억압의 논리로부터 자유로워야 한다.

① 진실 보도를 위하여 구속과 억압의 논리로부터 자유로워야 한다.
② 자신들에게 유리하도록 기사가 보도되게 하는 외부 세력이 있다.
③ 신문의 임무는 '사실 보도'이나, 진실 보도는 수난의 길을 걷는다.
④ 정확한 보도를 하기 위하여 전체적 시각을 가져야 한다.
⑤ 신문 기사를 볼 때에는 근거와 조건을 잘 파악해야 한다.

정답해설 제시문은 크게 세 부분으로 나누어 분석할 수 있다. 첫 번째 부분은 '신문이 진실을 보도해야 한다는 것은~무엇이 조건인가를 명확히 해야 한다.'로 '신문의 진실 보도'가 핵심이다. 두 번째 부분은 '그런데~수난의 길을 걷게 마련이다.'로 '신문의 진실 보도의 어려움'이 핵심이다. 마지막 부분은 '신문은 스스로 자신들의~자유로워야 한다.'로 '신문은 임무를 다하기 위해 구속과 억압의 논리로부터 자유로워야 한다.'는 글 전체의 주제가 드러나 있다.

정답 08 ③ | 09 ①

10 다음 글의 주제문으로 알맞은 것은?

인간이 이성이라는 기능을 가지고 있다고 해서 인간이 하는 일 모두가 합리적이라든가 합리적이어야 한다고 생각하는 것은 잘못이다. 합리성이 아니라 힘이나 감정에 따라 처리해야 할 일이 얼마든지 있는 것이다. 만원 지하철은 힘으로 밀고 들어가 타야 하며 사랑하는 사람과의 포옹은 감정으로 해야 한다. 이성적 존재도 얼마든지 비합리적일 수 있고 또 그래야 인간적일 수 있는 것이다. 그러나 이치를 따져서 최선의 선택을 해야 할 필요가 있는 일들이 있는데, 이런 일들을 힘이나 감정으로 해결하려 하는 것은 사랑을 힘으로 해결하려는 것처럼 원칙을 혼동하는 것이다. 합리적으로 처리해야 할 일을 힘이나 감정으로 해결하려는 것은 원칙의 잘못된 적용이라는 문제점 때문에 잘못된 것이기도 하지만 그보다는 인간성을 비하하는 결과를 초래한다는 점에서 더욱 멀리해야 할 일이다.

① 인간은 비합리적이고 감정에 휘둘리는 나약한 존재이다.
② 합리적으로 처리해야 할 일을 힘이나 감정으로 처리해서는 안 된다.
③ 인간은 동물과 달리 합리적으로 일을 처리할 수 있는 능력을 지니고 있다.
④ 합리적으로 처리해야 할 일과 감정적으로 처리해야 할 일의 구별은 불가능하다.
⑤ 인간성을 유지하기 위해서는 일을 합리적으로 처리하려는 태도를 지녀야 한다.

정답 해설 마지막 문장인 '합리적으로 처리해야 할 일을 힘이나 감정으로 해결하려는 것은 원칙의 잘못된 적용이기도 하지만 그보다는 인간성을 비하하는 결과를 초래한다는 점에서 더욱 멀리해야 할 일이다.'를 통해서 주제를 파악할 수 있다.

기출유형분석

문제풀이 시간 : 40초

▶ 다음 글의 내용과 일치하는 것은?

정적 분석은 프로그램을 실행해 보지 않고 프로그램 내용을 살펴서 실행 중의 상황을 알아내는 방법이다. 그런데 프로그램 실행 시의 상황을 완전하게 알아내는 것은 불가능하거나 시간이 너무 오래 걸리기 때문에 정적 분석에서는 일반적으로 오차가 존재하지만 유용성이 있는 근사분석을 사용한다. 정적 분석의 오차는 두 가지로 구분될 수 있다. 프로그램 수행 시 오류가 실제 발생하는데도 발생하지 않는다고 분석할 경우 이를 '잘못된 부정(false-negative)'이라고 하며, 프로그램이 오류를 발생시키지 않는데도 발생할 수 있다고 분석하는 경우 이를 '잘못된 긍정(false-positive)'이라고 한다. 주어진 프로그램이 오류를 발생시킬 수 있을 경우에는 반드시 이를 미리 알아내어야 하며, 이를 만족하는 정적 분석을 '안전하다(sound)'라고 말한다.

① '잘못된 긍정'이 없는 정적 분석은 존재하지 않는다.
② 정적 분석 시 '잘못된 부정'보다 '잘못된 긍정'의 발생 빈도가 더 높다.
③ 프로그램을 실행한 상태에서 정적 분석을 하면 상황을 완전하게 파악할 수 있다.
④ 프로그램의 오류 발생 가능성을 미리 알아낼 수 있는 정적 분석을 '안전하다'라고 한다.
⑤ 정적 분석 시 오류가 발생함에도 발생하지 않는다고 분석하는 것을 '잘못된 긍정'이라 한다.

정답 해설 마지막 문장을 통해 지문의 내용과 일치함을 알 수 있다.

①, ② 지문에 제시된 정보만으로는 일치하는지 알 수 없는 내용이다.

③ 정적 분석은 프로그램을 실행해 보지 않고 프로그램 내용을 살피는 것으로 프로그램 실행 시의 상황을 완전하게 알아내는 것은 불가능하거나 시간이 너무 오래 걸린다.

⑤ 정적 분석에서 프로그램 수행 시 오류가 발생함에도 발생하지 않는다고 분석하는 것을 '잘못된 부정(false-negative)'이라 한다.

정답 ④

11 다음 글의 내용과 일치하는 것은?

생태계에서 생물의 종이 다양하지 않을 때 곧바로 문제가 생긴다. 생산하는 생물, 소비하는 생물, 분해하는 생물이 한 가지씩만 있다고 생각해보자. 혹시 사고라도 생겨 생산하는 생물이 멸종하면 그것을 소비하는 생물의 먹이가 없어지게 된다. 즉, 생태계 내에서 일어나는 역할 분담에 문제가 생기는 것이다. 박테리아는 여러 종류가 있기 때문에 어느 한 종류가 없어져도 다른 종류가 곧 그 역할을 대체한다. 그래서 분해 작용은 계속되는 것이다. 즉 여러 종류가 있으면 어느 한 종이 없어지더라도 전체 계에서는 이 종이 맡았던 역할이 없어지지 않도록 균형을 이루게 된다.

① 생물 종의 다양성은 생태계의 유지와 무관하다.
② 생물 종의 다양성이 유지되어야 생태계가 안정된다.
③ 생태계는 생물과 환경으로 이루어진 인위적인 단위이다.
④ 박테리아는 한 종류가 없어지면 멸종할 가능성이 높다.
⑤ 생산하는 생물과 소비하는 생물은 항상 대체 가능하다.

정답해설 ① 생물 종이 다양하지 않을 경우 생태계 내에서 일어나는 역할 분담에 문제가 생길 수도 있다.
③ 생태계는 인위적이지 않은 자연적 단위로 이루어진다.
④ 박테리아는 여러 종류가 있기 때문에 한 종류가 없어져도 다른 종류가 그 역할을 대체할 수 있다.
⑤ 생산하는 생물과 분해하는 생물이 대체될 수 없는 경우가 있어서 종의 다양성이 중요하다.

TIP 독해 과정의 SQ3R 원리

- **훑어보기(Survey)** : 글의 제목을 통해 글 전체의 내용을 추측한다.
- **질문하기(Question)** : 제목이나 소재 등과 관련하여 글의 중심 내용이 무엇인지 질문하여 본다.
- **자세히 읽기(Read)** : 처음부터 끝까지 차분하게 읽으며 내용을 이해한다.
- **되새기기(Recite)** : 요약 정리하여 본다.
- **다시 보기(Review)** : 읽기 전에 품었던 질문의 정답을 다시 한 번 기억한다.

12 다음 글의 내용과 일치하는 것은?

EU 철강협회는 EU 회원국의 철강업체들이 중국이나 대만 그리고 한국에서 수입하는 철강 제품 때문에 어려움을 겪고 있다고 주장했다. 최근 철강 제품 수입이 크게 늘어나면서 철강 제품 가격이 25%까지 떨어졌으며 수천 명의 근로자들이 일자리를 잃을 위기에 빠져있다고 분석했다. 특히 지난 한 해 동안 중국에서 수입되는 철강 제품 중에 냉각 압연 철강재와 용융 도금된 철강재를 문제 삼았다. 이러한 EU 철강협회의 주장은 최근 미국 철강협회가 중국산 철강 제품에 대해서 정부에 덤핑 판정을 요구하면서 더 힘을 얻고 있다.

① EU 회원국에 철강 제품을 수출한 양은 중국, 대만, 한국 순으로 높다.

② 미국 정부는 중국산 철강 제품에 대한 반덤핑관세 부과를 확정 · 시행할 예정이다.

③ 한국 철강업체들의 EU 회원국에 대한 철강 제품의 수입은 매년 증가하는 추세이다.

④ EU 회원국의 철강업체들은 철강 제품의 수입 증가에 따른 어려움을 호소하고 있다.

⑤ 중국에서 EU 회원국에 수출하는 제품 중 가장 높은 비중을 차지하는 것은 압연 철강재이다.

정답 해설

①, ③, ⑤ 제시된 지문만으로는 파악할 수 없는 내용이다.

② 미국 철강협회가 중국산 철강 제품에 대해서 미국 정부에 덤핑 판정을 요구했다는 내용만을 파악할 수 있다.

TIP **덤핑(dumping)**

국제 경쟁에서 이기기 위하여 국내 판매 가격이나 생산비보다 싼 가격으로 상품을 수출하는 일로 덤핑의 조건과 기준은 가트(GATT)에서 정한다.

13 다음 글의 내용과 일치하는 것은?

경제학은 인간의 합리성을 가정하나 동물 근성도 잘 감안하지 않으면 안 된다. 인간은 쉽사리 감정적이 되며, 경제 사회가 불안할수록 동물 근성이 잘 발동된다. 이런 의미에서도 경제 안정은 근본 문제가 된다. 그리고 경제는 이러한 인간의 경제 행위를 바탕으로 하므로 그 예측이 어렵다. 예를 들어 일기 예보의 경우에는 내일의 일기를 오늘 예보하더라도 일기가 예보 자체의 영향을 받지 않는다. 그러나 경기 예측의 경우에는 다르다. 예를 들어, 정부가 경기 침체를 예고하면 많은 사람들은 이에 대비하여 행동을 하고, 반대로 경기 회복을 예고하면 또한 그에 따라 행동하기 때문에 경기 예측 그 자체가 경기 변동에 영향을 미친다. 따라서 예측이 어느 정도 빗나가는 것이 보통이다. '될 것이다.' 또는 '안 될 것이다.'와 같은 예측은 이른바 '자기실현적 예언'이 될 소지가 크다.

① 일기 예보는 날씨 변화에 영향을 주기 쉽다.
② 경제가 불안할수록 인간의 이성적 측면이 크게 작용한다.
③ 경기 예측과 실제 경기 변동은 아무런 상관이 없다.
④ 인간 행동의 변화를 통해 경기 예측이 가능하다.
⑤ 경기 예측은 사람들의 행동에 영향을 미친다.

정답 해설

① 내일의 일기를 오늘 예보하더라도 일기가 예보의 영향으로 바뀌는 것은 아니다.
② 경제 사회가 불안할수록 동물 근성(감정적 측면)이 잘 발동된다고 한다.
③ 경기 예측이 사람들의 행동에 영향을 미치므로 경기 변동에도 영향을 미친다.
④ 경기 예측에 따라 사람들의 행동이 변화하는 것이며, 이러한 사람들의 행동이 경기 변동에 영향을 미치므로, 예측이 빗나갈 수도 있다.

14 다음 글의 내용과 일치하는 것은?

'공인인증서의 기반이 되는 공개키 기반 구조(PKI) 기술표준 개발, 세계 최초 전자투표 도입, 스카이프(Skype), 미 국가안보국(NSA)에 보안 솔루션 납품' 유럽 발트해 연안에 있는 발트 3국 중 하나인 에스토니아를 설명하는 키워드다. 남한의 절반도 안 되는 면적에 인구가 130만 명뿐인 도시국가 규모의 에스토니아는 우리에게는 잘 알려지지 않은 정보기술(IT) 분야 선진국이다. 에스토니아가 IT강소국이 된 배경엔 정보화 교육이 있다. 에스토니아는 1990년대 말, 초등학교 1학년 교육과정부터 정보화 교육을 실시해 왔다. 에스토니아의 국민들은 어릴 때부터 수학적 사고방식을 배양하고 프로그래밍, 로봇 등 IT에 흥미를 돋울 수 있는 과목들을 배우고 있다.

① 에스토니아는 우리에게 잘 알려지지 않은 군사 강국이다.
② 정보화 교육은 에스토니아가 IT강소국이 되는 바탕이 되었다.
③ 인터넷 전화 '스카이프'는 스마트폰의 보급으로 자취를 감췄다.
④ 유럽연합(EU)의 정보기술본부 역시 에스토니아를 기반으로 하고 있다.
⑤ 에스토니아 국민의 99%가 인터넷 뱅킹을 통해 금융 업무를 처리한다.

정답해설 ② '에스토니아가 IT강소국이 된 배경엔 정보화 교육이 있다.'를 통해서 지문의 내용과 일치함을 알 수 있다.

① 에스토니아는 우리에게 잘 알려지지 않은 정보기술(IT) 분야 선진국이다. 군사 강국이라는 말은 지문에 제시되지 않았다.
③ '스카이프(Skype)'는 에스토니아를 설명하는 키워드로만 언급되었다.
④, ⑤ 지문에 제시되지 않은 내용이다.

이 문제 중요!

15 다음 글의 내용과 일치하는 것은?

개가 사람의 마음을 읽는 능력은 반복된 훈련의 결실이 아닌 천성 때문이라는 연구결과가 나왔다. 영국 에버테이 던디대학의 연구진은 훈련이 잘 된 개와 훈련을 전혀 받지 않은 개 등 총 24마리를 대상으로 실험을 한 결과, 훈련 유무가 개의 반응력에는 차이가 나지 않음을 알아냈다. 연구진은 개에게 말을 하는 대신 손가락으로 특정 위치를 가리키거나 응시하는 형태로 지시를 내려 개가 어떻게 대응하는지를 기록했다. 그 결과 훈련을 받은 정도가 사람의 명령을 따르는 것과는 무관한 것으로 확인됐다. 결과에 차이를 주는 것은 신호를 보내는 사람과 개가 얼마나 친밀한가였다. 개들은 특정 사람을 알게 되면 그 사람에게 더 관심을 갖는데, 이는 개들이 친밀도가 올라갈수록 사람의 행동을 더 잘 읽고 예측할 수 있다는 것을 뜻한다.

① 훈련 여부와 종에 따라 개의 반응력은 다른 양상을 보인다.
② 훈련되지 않은 개들은 말보다는 제스처에 민감하게 반응을 보인다.
③ 개와 고양이는 친밀도에 따라 사람을 대하는 행동이 상반되게 나타난다.
④ 개가 명령을 수행하는 데에는 지시를 내리는 사람과의 친밀도가 영향을 준다.
⑤ 개는 낯선 사람에 대한 방어 기제로 자세를 낮추고 으르렁거리는 소리를 낸다.

정답 해설 '결과에 차이를 주는 것은 신호를 보내는 사람과 개가 얼마나 친밀한가였다.'를 통해 알 수 있는 내용이다.

① 지문을 통해 훈련 여부는 개의 반응력에 차이를 주지 않음을 알 수 있다.
②, ③, ⑤ 지문에 제시된 정보만으로는 일치하는지 알 수 없는 내용이다.

이 문제 중요!

16 다음 글의 내용과 일치하지 않는 것은?

다음은 페인트의 납(Pb) 성분이 기준치를 넘어간 장난감의 리콜 방법이다. 먼저 소비자들은 그들의 장난감이 리콜 대상인지 알아보아야 한다. 회사 홈페이지를 방문해서 리콜 대상에 포함되는 장난감의 모델 번호와 출고일, 색깔 등을 확인한다. 컴퓨터가 없는 사람들은 고객센터로 전화를 걸어서 이것들을 확인할 수 있다. 소비자의 장난감이 리콜 대상이라면 온라인이나 전화를 사용하여 회사에 소비자의 주소를 알려주어야 한다. 회사에서는 소비자의 주소로 선불우편 라벨을 보내주고, 소비자가 보낸 리콜 대상 장난감을 받으면 새 장난감을 다시 보내준다. 회사는 리콜한 장난감들을 모두 환경적인 방법으로 폐기할 예정이다.

① 모델 번호와 출고일, 색깔 등이 일치해야 리콜 대상이 된다.
② 고객센터를 통해서도 장난감 리콜 대상 여부를 확인할 수 있다.
③ 리콜을 하려면 장난감의 모델 번호를 홈페이지에 등록해야 한다.
④ 리콜한 장난감들은 환경을 해치지 않는 방식으로 폐기될 예정이다.
⑤ 리콜 대상 장난감을 회사로 보내면 새로운 장난감으로 교환받을 수 있다.

Part I
Part II
Part III
Part IV

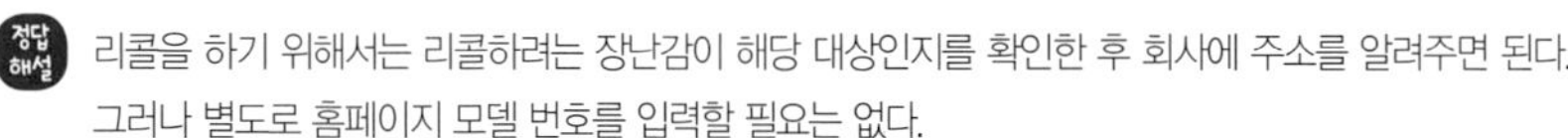

정답해설 리콜을 하기 위해서는 리콜하려는 장난감이 해당 대상인지를 확인한 후 회사에 주소를 알려주면 된다. 그러나 별도로 홈페이지 모델 번호를 입력할 필요는 없다.

TIP 리콜(recall)제

어떤 상품에 결함이 있을 때 생산 기업에서 그 상품을 회수하여 점검 · 교환 · 수리하여 주는 제도이다.

17 다음 글의 내용과 일치하지 않는 것은?

관리자의 역할 중에 가장 중요한 덕목은 공과 사를 구분하는 것이다. 일반 직원과 개인적으로 어울릴 때는 격의 없이 친하게 지내야 하지만, 직원이 실수를 한 경우에는 나무라거나 충고를 할 줄도 알아야 한다. 직원에게 주의를 줄 때에는 진심을 담아 말하는 것과 사실을 중심으로 얘기하는 것이 중요하다. 사실을 얘기할 때 자료를 제시하는 것도 좋은 방법이다. 야단을 치게 된 경위를 알기 쉽게 설명하면서 '왜' 그렇게 되었는지를 생각하게 한다. 그러나 그 직원의 성격을 개입시킨다면 굉장히 난감해할 뿐만 아니라 반발이 생길수도 있다. 또한 일방적인 얘기보다 상대방에게 질문을 하면서 당사자에게 설명할 기회를 주는 것도 좋다. 질문할 때 과도하게 몰아세우거나 다른 직원과 비교하는 것은 옳은 방법이 아니다. 이 모든 것을 가능한 짧은 시간에 끝내고 마지막에 직원에게 용기가 될 수 있는 한마디를 하는 것도 잊지 말아야 한다.

① 직원을 나무랄 때 끝에 가서는 용기를 북돋워주는 말을 해주는 것이 좋다.
② 관리자는 사적인 인간관계와 공적인 업무를 구분하여 처리할 수 있어야 한다.
③ 관리자로서 잘못을 지적할 때는 사실에 입각해서 정확한 의사를 전달해야 한다.
④ 직원을 나무랄 때 그가 변명이나 앞으로의 계획을 말할 수 있는 기회를 주는 것이 좋다.
⑤ 직원을 꾸짖을 때 그의 성격 때문에 일이 그릇될 수 있음을 반드시 알려주는 것이 좋다.

정답 해설 지문에서는 관리자가 직원에게 충고를 할 때, 당사자가 난감해하거나 반발이 생길 수 있으므로 성격을 개입시키는 것은 옳지 않은 방법이라고 말하고 있다.

18 다음 글의 내용과 일치하지 않는 것은?

우리는 흔히 수학에서 말하는 집합을 사물들이 모여 하나의 전체를 구성하는 모임과 혼동하곤 한다. 하지만 사물의 모임과 집합 사이에는 중요한 차이가 있다. 첫째, 전체로서 사물의 모임은 특정한 관계들에 의해 유지되며 그런 관계가 없으면 전체 모임도 존재하지 않는다. 그렇지만 집합의 경우 어떤 집합의 원소인 대상들이 서로 어떤 관계를 가지든 그 집합에 대해서는 아무런 차이가 없다. 둘째, 전체로서 어떤 사물의 모임이 있을 때 우리는 그 모임의 부분이 무엇인지를 미리 결정할 수 없다. 반면에 집합이 주어져 있을 때에는 원소가 무엇인지가 이미 결정되어 있다. 셋째, 전체로서 어떤 사물의 모임 B에 대해서는 B의 부분의 부분은 언제나 B 자신의 부분이라는 원리가 성립한다. 그렇지만 집합과 원소 사이에는 그런 식의 원리가 성립하지 않는다.

① 짝수들만으로 이루어진 집합들의 집합은 짝수를 원소로 갖지 않는다.

② 대대를 하나의 모임으로 볼 때, 이 모임의 부분은 중대일 수도 중대에 속하는 군인일 수도 있다.

③ 대학교를 하나의 모임으로 볼 때, 대학교의 부분으로서 학과의 부분들인 학생들은 대학교의 부분이라고 할 수 없다.

④ 집합 A가 홀수들의 집합이라면 임의의 대상들이 A의 원소냐 아니냐는 그 대상이 홀수냐 아니냐에 따라 이미 결정되어 있다.

⑤ 군인들 각각은 살아남더라도 군대라는 모임을 유지시켜 주는 군인들 사이의 관계가 사라진다면 더 이상 군대라고 할 수 없다.

정답 해설 지문은 '집합'과 '모임'의 차이를 설명하고 있다.

전체로서 어떤 사물의 모임 X에 대해서 X의 부분의 부분은 언제나 X 자신의 부분이라는 원리가 성립하므로 대학교의 부분인 학과의 부분이 되는 학생 역시 대학교의 부분에 해당한다.

① 짝수들만으로 이루어진 집합들의 집합은 짝수들의 집합을 그 원소로 갖는다. 집합은 짝수가 아니기 때문에 짝수들만으로 이루어진 집합들의 집합은 짝수를 원소로 갖지 않는다.

19 다음 글의 내용과 일치하지 않는 것은?

1910년대를 거쳐 1920년대에 이르러, 추상회화는 유럽인들 사이에 나타난 유토피아를 향한 희망을 반영하는 조형적 형태언어가 되었다. 이러한 경향의 대표적 미술가로는 몬드리안(1872~1944)이 있다. 몬드리안은 양과 음, 형태와 공간, 수직과 수평으로 대변되는 이원론적 원리에 근거한 기호들이 자연에 내재되어 있는 정신성을 충분히 규명할 수 있다고 믿었다. 몬드리안 회화에서 이원론적인 사유 작용은 신지학에서 유래된 것으로 몬드리안의 신조형주의 회화의 절대적 형태 요소가 된다. 여기서 신지학(Theosophy)이란 그리스어의 테오스(Theos ; 神)와 소피아(Sophia ; 智)의 결합으로 만들어진 용어이다. 이 용어가 시사하듯 신지학은 종교와 철학이 융합된 세계관으로 신플라톤주의의 이원론이 그 초석이 된다. 이것은 몬드리안 이론의 밑바탕이 되었다. 결국, 몬드리안은 점점 자연을 단순화하는 단계에서 수평과 수직의 대비로 우주와 자연의 모든 법칙을 요약하였다. 그는 변덕스러운 자연의 외형이 아니라 자연의 본질, 핵심을 구조적으로 질서 있게 파악하여 자연이 내포하고 있는 진실을 드러내고자 하였다.

① 몬드리안은 자연의 본질을 파악하고자 하였다.
② 몬드리안의 추상화는 인간의 변덕스러운 욕망을 반영하였다.
③ 신지학은 어원상 종교와 철학이 융합된 학문임을 알 수 있다.
④ 1920년대 유럽의 추상회화는 유토피아를 향한 희망을 반영하고 있다.
⑤ 몬드리안의 추상회화에는 신지학의 영향이 반영되어 있다.

정답 해설 '그는 변덕스러운 자연의 외형이 아니라 자연의 본질, 핵심을 구조적으로 질서 있게 파악하여 자연이 내포하고 있는 진실을 드러내고자 하였다.'라는 마지막 문장을 고려할 때 잘못된 내용임을 알 수 있다.

20 다음 글의 내용과 일치하지 않는 것은?

자동차 시대의 시작은 다양한 관련 산업의 발달을 촉발함으로써 미국 경제를 이끌어가는 견인차 역할을 하였다. 그러나 자동차의 폭발적인 증가가 긍정적인 효과만을 낳은 것은 아니다. 교통사고가 빈발하여 이에 따른 인적, 물적 피해가 엄청나게 불어났으며 환경 문제도 심각해졌다. 자동차들은 엄청난 에너지를 소비했으며 그 에너지는 대기 중에 분산되었다. 오늘날 미국 도시들에서 발생하는 대기오염의 60%는 자동차 배기가스에 의한 것이다. 자동차가 끼친 가장 심각한 문제는 연료 소비가 대폭 늘어남으로 인해 에너지 고갈 위기가 다가왔다는 것이다. 석유 자원은 수십 년 안에 고갈될 것으로 예견되고 있으며 이동시간을 단축시키려던 애초의 소박한 자동차 발명 동기와는 달리 자동차 때문에 인류는 파멸의 위기에 빠질 수도 있다.

① 자동차 사용의 증가는 대체에너지 개발을 촉진하였다.
② 자동차 산업은 다양한 관련 산업의 발달을 촉진하였다.
③ 자동차 사용의 증가로 대기 오염은 심각한 상황에 이르렀다.
④ 자동차 산업은 미국 경제를 이끌어가는 데 중요한 역할을 담당했다.
⑤ 자동차의 증가와 함께 교통사고로 인한 인적 · 물적 피해 역시 증가했다.

정답 해설 자동차가 발명되어 연료 소비가 늘어나 에너지 고갈 위기가 다가왔다는 내용은 일치하지만 대체에너지 개발을 촉진하였다는 내용은 제시되지 않았다.

소요시간		채점결과	
목표시간	13분 20초	총 문항수	20문항
실제 소요시간	( )분 ( )초	맞은 문항 수	( )문항
초과시간	( )분 ( )초	틀린 문항 수	( )문항

정답 19 ② | 20 ①

3. 독해(2)

기출유형분석

⏰ 문제풀이 시간 : 40초

▶ (가)~(라)를 문맥에 맞게 배열한 것을 고르면?

(가) 금속활자 인쇄술을 발명하고 실제로 쓸 수 있도록 노력한 사람은 독일의 구텐베르크로 알려져 있다. 귀족 출신인 그는 금속 공예에 종사하여 자신이 발명한 인쇄 기술을 상업화하였다. 인쇄 시스템의 전반적인 요소들이 충족되고 나서야 구텐베르크의 인쇄술도 가능하게 되었다.

(나) 한편, '프레스'라는 압축기를 만들면서 원래 상태를 유지하며 대량 인쇄를 할 수 있게 되었다. 구텐베르크의 프레스는 활판에 동일한 압력을 가해 종이에 찍어 내었는데 이것은 고대에 쓰인 포도주의 압착기를 변형하여 만든 것이었다. 그 외에도 잉크의 개발, 활자의 개발, 종이의 개발 등을 통해 인쇄 시스템이 완성되었다.

(다) 활자를 복제하는 기술은 펀치와 모형, 수동주조기로 구성된다. 펀치는 강한 금속 조각에 줄 등으로 문자를 볼록하게 돋을새김하는 것을 말한다. 이 펀치에 연한 금속 조각을 올려놓고 각인하여 만든 모형을, 수동주조기에 장착하여 활자를 주조하였다. 이 기술은 인쇄를 많이 하였을 때 활자가 닳아도 계속해서 필요한 활자를 주조할 수 있게 하였다.

(라) 1455년 금속활자 인쇄술이 생겨나기 전에 유럽에서는 필사 작업을 통해서 책이 제작되었다. 그 당시 책은 고위층만이 접할 수 있었다. 하지만 인쇄술이 보급되자 짧은 세기 동안에 유럽인들은 1,000만 권이 넘는 책을 가질 수 있게 되었다. 지난 천 년간의 역사에서 가장 영향력이 있는 발명인 금속활자 인쇄술은 어떻게 발명되었는지 알아보자.

① (라)-(가)-(다)-(나)　② (라)-(가)-(나)-(다)
③ (라)-(나)-(가)-(다)　④ (다)-(나)-(라)-(가)
⑤ (가)-(나)-(다)-(라)

정답해설 (라)의 마지막 문장인 '지난 천 년간의 역사에서 가장 영향력이 있는 발명인 금속활자 인쇄술은 어떻게 발명되었는지 알아보자.'에서 첫 시작임을 알 수 있다. 이어 (가)에서 구텐베르크를 설명 후 활자를 복제하는 기술을 설명하며 (다), (나)의 순으로 글이 마무리 된다.

정답 ①

[01~11] 다음 글을 읽고 물음에 답하시오.

총 문항 수 : 11문항 | 총 문제풀이 시간 : 7분 20초 | 문항당 문제풀이 시간 : 40초

01 (가)~(라)를 문맥에 맞게 배열한 것을 고르면?

(가) 35억 년 역사를 가진 지구에는 서로 다른 특징과 능력을 지닌 수백만 종의 동식물이 살고 있다. 하지만 이들의 능력이 밝혀진 것은 아주 미미하며, 우리가 알지 못하는 놀라운 능력을 가진 동식물이 어딘가에 존재하고 있을 것이다.

(나) 그래서 모든 생명체가 간직한 비밀의 열쇠를 찾아 인간 생활에 적용함으로써, 자연과 기술을 조화롭게 응용하여 인간을 이롭게 하자는 것이 생체모방 공학의 목적이다. 이제 과학은 다시 자연으로 돌아가 자연을 배우고자 한다. 자연을 배우고, 자연을 모방한 과학이야말로 진정한 인간을 위한 과학이 아닌가 생각한다.

(다) 자연의 생명체가 보여 주는 행동이나 구조, 그들이 만들어내는 물질 등을 연구해 모방함으로써 인간 생활에 적용하려는 기술이 생체모방이다. 그러나 '생체모방'은 나노기술의 발전과 극소량의 물질을 대량으로 생산해내는 유전공학 등 관련 분야의 발달로 '생체모방 공학'이라고 부를 수 있게 되었다.

(라) 홍합이 바위에 자신의 몸을 붙이는 데 사용하는 생체물질인 '교원질 섬유 조직'은 물에 젖어도 떨어지지 않는 첨단 접착제로 주목받고 있으며, 거미불가사리의 몸통과 팔을 연결하는 부위에 부착된 방해석이라는 수정체는 인간의 기술로 개발된 어떠한 렌즈보다도 작으면서 정확하게 초점을 맞추는 기능을 가진 것으로 알려졌다.

① (다)-(가)-(나)-(라)
② (다)-(라)-(가)-(나)
③ (나)-(다)-(가)-(라)
④ (가)-(라)-(다)-(나)
⑤ (가)-(다)-(라)-(나)

정답해설 (다)에서 '생체모방'에 대해 정의하고, (라)에서 놀라운 생명체의 능력과 그 비밀을 연구하여 인간 생활에 적용하여 인간을 이롭게 하고자 하는 생체모방 공학의 목적을 밝히고 있다. 이어 (가), (나)의 순서로 이러한 목적을 달성하기 위해 '자연으로 돌아가 자연을 배우고자 한다'라는 생체모방 공학의 방향을 제시하고 있다.

정답 01 ②

02 다음 글을 읽고 추론할 수 있는 것은?

고려 시대에 지방에서 의료를 담당했던 사람으로는 의학박사, 의사, 약점사가 있었다. 의학박사는 지방에 파견된 최초의 의관으로서, 12목에 파견되어 지방의 인재들을 뽑아 의학을 가르쳤다. 의사는 지방 군현에 주재하면서 약재를 채취하고 백성을 치료하였으며, 의학박사만큼은 아니지만 의학교육의 일부를 담당하였다.

지방 관청에서는 약점을 설치하여 약점사를 배치하였다. 약점사는 향리들 중에서 임명되었다. 약점은 약점사가 환자를 치료하는 공간이자 약재의 유통이 이루어지는 공간이었다. 약점사의 일 중 가장 중요한 것은 백성들이 공물로 바치는 약재를 수취하고 관리하여 중앙 정부에 전달하는 일이었다. 약점사는 왕이 하사한 약재를 관리하는 일과 환자를 치료하는 일도 담당하였다. 지방마다 의사를 두지는 못하였으므로 의사가 없는 지방에서는 의사의 업무 모두를 약점사가 담당했다.

① 의사들 가운데 실력이 뛰어난 사람이 의학박사로 임명되었다.
② 의사들의 진료 공간은 약점이었다.
③ 의사는 향리들 중에서 임명되었다.
④ 약점사가 의학교육을 담당할 수도 있었다.
⑤ 약점사의 의학 실력은 의사들보다 뛰어났다.

정답 해설 지방마다 의사를 두지는 못하였으므로 그런 지방에서는 약점사가 의사의 모든 업무를 담당한다고 하였다. 의사 역시 의학교육의 일부를 담당하였으므로 약점사가 의학교육을 담당할 수도 있었다.

03 다음 글의 주장과 일치하는 것은?

자유주의적 자유관에 대한 하나의 대안으로 나는 공화주의 정치이론의 한 형태를 옹호한다. 공화주의 이론의 중심 생각에 따르면 자유는 함께 하는 자치에 달려 있다. 이런 생각이 그 자체로 자유주의적 자유와 비일관적인 것은 아니다. 정치 참여는 사람들이 자신의 목표로 추구하고자 선택한 생활 방식 중 하나일 수 있다. 하지만 공화주의 정치이론에 따르면 자치를 공유하는 것은 그 이상의 어떤 것을 포함한다. 그것은 공동선에 대해 동료 시민들과 토론하는 것을 의미하고 정치공동체의 운명을 모색하는 데에 기여한다는 점을 의미한다. 하지만 공동선에 대해 토론을 잘하기 위해서는 각자가 자신의 목표를 잘 선택하고 타인에게도 그런 똑같은 권리를 인정해 줄 수 있는 능력 외에 더 많은 것이 필요하다. 이를 위해서는 공공사안에 대한 지식, 소속감, 사회 전체에 대한 관심, 나와 운명을 같이 하는 공동체와의 도덕적 연결이 필요하다. 따라서 자기 통치를 공유하기 위해서는 시민들이 어떤 특정한 성품 혹은 시민적인 덕을 이미 갖고 있거나 습득해야 한다.

① 개인의 자유는 공동선에 우선하는 가치이다.
② 공화주의는 개인의 자유에 대하여 소극적이다.
③ 공화주의를 실현하기 위해서는 시민적 자질이 필요하다.
④ 공동선에 대한 토론은 정치공동체의 운명을 위태롭게 한다.
⑤ 공화주의 정부는 경합하는 가치관에 대해서 중립을 지켜야 한다.

정답 해설 지문에 따르면 공화주의에서 자유는 함께 하는 자치에 달려 있으며, 자치를 공유하는 것은 정치공동체의 운명을 모색하는 데 기여한다고 본다. 자치를 공유하는 것 즉, 공동선에 대해 토론을 잘하기 위해서는 시민들이 어떤 특정한 성품 혹은 시민적인 덕을 이미 갖고 있거나 습득해야 한다고 보고 있으므로 ③이 제시된 글의 주장과 일치한다.

04 다음 중 밑줄 친 ㉠과 유사한 사례로 가장 적절한 것은?

서울 동숭동 대학로에는 차분한 벽돌 건물들이 복잡한 도심 속에서 색다른 분위기를 형성하고 있다. 이 건물들을 볼 때 알 수 있는 특징은 우선 재료를 잡다하게 사용하지 않았다는 점이다. 건물의 크기를 떠나서 창문의 유리를 제외하고는 건물의 외부가 모두 한 가지 재료로 덮여 있다. 사실 ㉠ 솜씨가 무르익지 않은 요리사는 되는 대로 이런저런 재료와 양념을 쏟아 붓는다. 하지만 아무리 훌륭한 재료를 쓴들 적절한 불 조절이나 시간 조절이 없으면 범상한 요리를 뛰어넘을 수 없다. 재료 사용의 절제는 비단 건축가뿐만 아니라 모든 디자이너들이 원칙적으로 동의하면서도 막상 구현하기는 어려운 덕목이다. 벽돌 건물의 또 다른 예술적 매력은 벽돌을 반으로 거칠게 쪼갠 다음 그 쪼개진 단면이 외부로 노출되게 쌓을 때 드러난다. 햇빛이 이 벽면에 떨어질 때 드러나는 면의 힘은 가히 압도적이다.

① 합창을 할 때 각자 맡은 성부를 충실히 한다.
② 시를 쓸 때 심상이 분명하게 전달되도록 한다.
③ 사진을 찍을 때 배경보다는 인물을 부각시킨다.
④ 영상을 편집할 때 화려한 CG와 편집기술을 최대한 이용한다.
⑤ 그림을 그릴 때 대상을 실제 모습과 다름없이 세밀하게 묘사한다.

정답 해설 ㉠은 요리사가 재료를 절제하여 사용하지 않음으로써 맛을 제대로 살리지 못하는 경우이다. 이러한 요리사의 모습과 유사한 사례는 영상 편집 시 CG와 편집기술을 필요 이상으로 적용하여 절제미를 살리지 못한 ④이다.

05 다음 중 밑줄 친 ㉠과 유사한 사례로 가장 적절한 것은?

일반적으로 문화는 '생활양식' 또는 '인류의 진화로 이룩된 모든 것'이라는 포괄적인 개념을 갖고 있다. 이렇게 본다면 언어는 문화의 하위 개념에 속하는 것이다. 그러나 언어는 문화의 하위 개념에 속하면서도 문화 자체를 표현하여 그것을 전파 · 전승하는 기능도 한다. 이로 보아 언어에는 그것을 사용하는 민족의 문화와 세계인식이 녹아 있다고 할 수 있다. ㉠ 가령 '사촌'이라고 할 때, 영어에서는 'cousin'으로 통칭(通稱)하는 것을 우리말에서는 친 · 외 · 고종 · 이종 등으로 구분하고 있다. 친족 관계에 대한 표현에서 우리말이 영어보다 좀 더 섬세하게 되어 있는 것이다. 이것은 친족 관계를 좀 더 자세히 표현하여 차별내지 분별하려 한 우리 문화와 그것을 필요로 하지 않는 영어권 문화의 차이에서 기인한 것이다.

① 한국인들은 보편적으로 개가 짖는 소리를 '멍멍'으로 인식하지만 일본인들은 '왕왕'으로 인식한다.

② 쌀을 주식으로 했던 우리 민족은 '모, 벼, 쌀, 밥'이라는 네 개의 단어를 각각 구별하여 사용하지만, 그렇지 않았던 영어권에서는 이 네 가지 개념을 오직 'rice'라는 단어 하나로 표현한다.

③ 우리가 책이라 부르는 것을 미국인들은 'book', 중국인들은 '册', 독일인들은 'buch'라는 말로 지칭한다.

④ '머리'는 하나의 언어 기호로 두 가지 면이 있다. 하나는 [məri]라는 소리의 면이고, 하나는 '頭'라는 의미의 면이다.

⑤ 무지개의 색깔이 단지 '빨강, 주황, 노랑, 초록, 파랑, 남색, 보라' 일곱 개로 이루어져 있는 것만은 아니다.

정답해설 밑줄 친 ㉠은 친족 관계를 중시하는 우리의 문화적 요소가 우리말에 반영되어 친족 관계에 대한 표현이 영어보다 섬세하게 분화되어 있다는 점을 보여주고 있다. 이는 쌀을 주식으로 했던 우리의 문화가 타 문화권에 비하여 쌀과 관련된 표현을 다양하게 만들었다는 사례와 가장 유사하다.

정답 04 ④ | 05 ②

06 다음 빈칸에 들어갈 문장으로 알맞은 것은?

(　　　　　　　　　　　　　　　　) 예를 들어 아프리카의 중부, 북부지역에는 돌연변이로 인하여 낫 모양으로 찌그러진 적혈구를 보유한 사람들이 많은데, 이러한 모양의 '겸상 적혈구'로 인하여 그 사람들은 말라리아에 걸리는 일이 매우 드물다. 말라리아가 창궐하는 아라비아 반도, 인디아 남부에도 이 유전자를 가진 사람들이 많다. 반면 말라리아 걱정이 없는 아프리카 남단에는 겸상 적혈구를 보유한 사람들이 별로 없다. 말라리아가 흔한 지중해 지역과 동남아 등에 사는 사람들은 다른 형태의 말라리아 대항 유전자를 지니고 있기도 하다. 유럽에서도 북부와 남부 간의 차이가 발견되는데, 말라리아에 관한 한 북부 유럽 사람들은 남부 유럽 사람보다는 남아프리카 사람에 더 가깝다고 할 수 있다.

① 면역학적 관점에서 보면 인종적 특징에 의한 구분은 큰 의미가 없다.
② 지중해 지역과 동남아 등에 사는 사람들은 겸상 적혈구를 보유하고 있지 않다.
③ 특정 질병에 대하여 면역력을 키우는 방법은 개인의 체질에 따라서 매우 다양하다.
④ 돌연변이로 인한 유전자 변형은 인종적 특성에 따라서 그 결과가 매우 심각할 수도 있고 미미할 수도 있다.
⑤ 대부분의 대륙에서 북부 지역 사람들은 남부 지역 사람들보다 전염병에 대한 면역력이 강한 것으로 알려져 있다.

정답 해설 빈칸에 이어 말라리아에 대한 면역 유전자가 인종으로 구분지어지는 것은 아니라는 내용이 제시되고 있다.

07 다음 빈칸에 들어갈 문장으로 알맞은 것은?

우리는 꿈속에서 평소에는 억누르고 있던 내면 욕구나 콤플렉스를 민감하게 느끼고 투사를 통해 그것을 외적인 형태로 구체화한다. 예를 들어 전쟁터에서 살아 돌아온 사람이 몇 달 동안 계속해서 죽은 동료들의 꿈을 꾸는 경우, 이는 그의 내면에 잠재해 있는 그러나 깨어 있을 때에는 결코 인정하고 싶지 않은 죄책감을 암시하는 것으로 볼 수 있다. 우리에게 꿈이 중요한 까닭은 이처럼 자신도 깨닫지 못하는 무의식의 세계를 구체적으로 이해할 수 있는 형태로 바꾸어서 보여주기 때문이다. 우리는 꿈을 통해 그 사람의 잠을 방해할 정도의 어떤 일이 진행되고 있다는 것을 알 수 있을 뿐만 아니라 그 일에 대해서 어떤 식으로 대처해야 하는지 까지도 알게 된다. 그런 일은 깨어 있을 때에는 쉽사리 알아내기가 어렵다. 이는 따뜻하고 화려한 옷이 상처나 결점을 가려주는 것과 마찬가지로, ( ) 우리는 정신이 옷을 벗기를 기다려 비로소 그 사람의 내면세계로 들어갈 수 있다.

① 잠이 콤플렉스의 심화를 막아주기 때문이다.
② 꿈이 정신의 질병을 예방하고 치료할 수 있기 때문이다.
③ 깨어있는 의식이 내면세계의 관찰을 방해하기 때문이다.
④ 꿈은 내면에 잠재해 있는 죄책감을 암시해 주기 때문이다.
⑤ 수면상태의 나르시즘이 스스로를 보호하려고 하기 때문이다.

정답 해설 빈칸에는 앞 문장인 '그런 일을 ~ 알아내기가 어렵다.'라는 내용에 대한 이유나 근거가 들어가야 하는데 이는 결국 빈칸 바로 앞의 내용, 즉 '따뜻하고 화려한 옷이 상처나 결점을 가려주는 것'의 내용이 비유하는 것에 해당한다. 이러한 내용에 잘 부합하는 것은 ③으로 따뜻하고 화려한 옷이 상처나 결점을 가려주는 것과 마찬가지로 깨어있는 의식이 내면세계의 관찰을 방해하는 것이다.

정답 06 ① | 07 ③

08 다음 빈칸에 들어갈 문장으로 알맞은 것은?

스칸디나비아 항공의 안 칼슨 사장은 1970년대 말 오일쇼크로 세계적인 불황을 맞은 항공사의 서비스 혁신을 단행했다. 그는 고객과 직원들이 만나는 15초의 짧은 순간이야말로 중요한 순간이며, 이 15초 동안에 고객 접점에 있는 직원이 책임과 권한을 가지고 자사를 선택한 고객의 결정이 최선이었음을 입증해야 한다고 생각했다. 고객 접점 서비스가 그렇게 중요한 이유는 '곱셈의 법칙'이 적용되기 때문이다. 즉, (　　　　　　　　　　　　　　　) 이러한 인식을 바탕으로 한 고객 접점 혁신을 통해 연간 800만 달러의 적자를 내던 스칸디나비아 항공은 불과 1년 만에 20억 달러의 매출과 7,100만 달러의 이익을 올리는 회사로 변신했다.

① 특정 고객에게 0점의 평가를 받은 직원은 다른 고객에게도 0점을 받게 된다.
② 고객에게 제공한 서비스가 한 번 0점으로 평가 받게 되면, 다음 번 서비스에도 의례히 0점을 받게 된다.
③ 직원들 중 어느 누구라도 고객에게 서비스 0점이라는 평가를 받게 되는 순간이 오기 마련이다.
④ 한 직원이 고객으로부터 0점으로 평가 받았다 할지라도 이후에 100점을 받게 될 수 있다.
⑤ 고객과 만나게 되는 직원들 중 단 한 명이라도 0점짜리 서비스로 평가 받는다면 전체 서비스는 0점이 되어버린다.

정답 해설 고객에게 제공하는 서비스와 관련하여 '곱셈의 법칙'이 적용되는 경우를 찾으면 된다. 사칙연산에서 '곱하기 0'을 하면 어떤 숫자가 와도 모두 0이 된다는 사실과 관련하여 빈칸에 들어갈 내용으로 적절한 것은 ⑤임을 알 수 있다.

이 문제 중요!

09 ㉠~㉤ 중 글의 흐름상 삭제되어야 하는 문장은?

㉠ 인구는 기하급수적으로 증가하고 식량은 산술급수적으로 늘어 엄청난 기아사태가 오리라는 암울한 미래를 예측한 말더스에게 변수는 전쟁이었으나, 실제의 역사에서 기아 폭발은 그가 예상한 전쟁 이외에도 그가 전혀 예측하지 못한 두 요소로 인해 방지되었다. ㉡ 그 한 요소는 식량증산 기술이 관개시설, 영농기구로부터 농약 · 비료에 이르기까지 비약적인 발전을 이룩했을 뿐만 아니라 이제는 생명공학으로 무제한적인 식량증산이 가능하게 되었다는 것이다. ㉢ 또 한 요소는 생활풍속의 변화와 국가정책으로 출산율이 크게 떨어졌다는 점인데, 1965년 이후 인구증가율은 1.4%대로 떨어져 오늘날 유럽은 현상을 유지하는 수준이고, 후진국은 증가율이 상당히 떨어지고 있다. ㉣ 또한 매장되어 있는 석유의 양이 얼마 남지 않았다는 것 역시 중요한 요소 중 하나이다. ㉤ 말더스는 당시의 상황과 수준에서 연역하여 미래를 내다보면서 그 미래에 일어날 갖가지 미지의 변화함수를 예측하지도, 할 수도 없었던 것이다.

① ㉠ ② ㉡
③ ㉢ ④ ㉣
⑤ ㉤

정답 해설 지문은 인류의 미래에 대해 말더스가 한 비관적인 예측과, 그것이 어떠한 이유로 빗나가게 된 것인지에 대해 서술하고 있다. 그러므로 석유의 양이 얼마 남지 않았다는 문장은 글의 전개상 어울리지 않는다.

10 다음 글의 논증구조를 바르게 분석한 것은?

㉠ 한 민족의 전통은 고유한 것이다. 그러나 '고유하다, 고유하지 않다'라는 것도 상대적인 개념이다. ㉡ 어느 민족의 어느 사상도 동일한 것이 없다는 점에서 모두가 고유하다고 할 수 있다. ㉢ 한 나라의 종교나 사상, 정치제도가 다른 나라에 도입된다 하더라도 꼭 동일한 양상으로 발전되는 법은 없으며, 문화 · 예술은 물론이고 과학기술조차도 완전히 동일한 발전을 한다고는 볼 수 없다. ㉣ 이런 점에서 조상으로부터 물려받은 유산은 모두 고유하다고 할 수 있다. ㉤ 그러나 한 민족이 창조하고 계승한 문화 · 관습 · 물건이 완전히 고유하여 다른 민족의 문화 내지 전통과 유사한 점을 전혀 찾을 수가 없고 상호의 영향이 전혀 없다고 말할 수 있을 만큼 독특한 것은 원시시대의 몇몇 관습 외에는 없다고 할 것이다.

① ㉠은 ㉡의 근거이다.
② ㉡은 ㉢의 근거이다.
③ ㉢은 ㉣의 근거이다.
④ ㉣은 ㉡의 근거이다.
⑤ ㉣은 ㉤의 근거이다.

정답해설 ㉣의 내용은 ㉢의 내용을 토대로 하여 도출된 것이므로 ㉢은 ㉣의 근거라 할 수 있다.

11 다음 글을 읽고 추론할 수 없는 것은?

한국 신화에서 건국신화 다음으로 큰 비중을 차지하는 것은 무속신화이다. 무속신화는 고대 무속 제전에서 형성된 이래 부단히 생성과 소멸을 거듭했다. 이러한 무속신화 중에서 전국적으로 전승되는 '창세신화'와 '제석본풀이'는 남신과 여신의 결합이 제시된 후 그 자녀가 신성의 자리에 오른다는 점에서 신화적 성격이 북방의 건국신화와 다르지 않다. 한편, 무속신화 중 '성주신화'에서는 남성 인물인 '성주'가 위기에 빠져 부인을 구해내고 출산과 축재를 통해 성주신의 자리에 오른다. 이는 대부분의 신화에서 나타나는 부자(父子) 중심의 서사 구조가 아닌 부부 중심의 서사 구조를 보여준다.

특이한 유형을 보이는 신화 중에 제주도의 '삼성신화'가 있다. '삼성신화'에서는 남성이 땅 속에서 솟아나고 여성이 배를 타고 들어온 것으로 되어 있다. 남성이 땅에서 솟아났다는 점은 부계 혈통의 근원을 하늘이 아닌 대지에 두었다는 것으로 본토의 건국신화와 대조된다. 그리고 여성이 배를 타고 왔다는 것은 여성이 도래한 세력임을 말해 준다. 특히 남성은 활을 사용하고 여성이 오곡의 씨를 가지고 온 것으로 되어 있는데, 이것은 남성으로 대표되는 토착 수렵 문화에 여성으로 대표되는 농경문화가 전래되었음을 신화적으로 형상화한 것이다.

① 주몽신화는 북방의 건국신화이다.
② 삼성신화에서는 부계 사회에서 모계 중심의 사회로 전환되는 사회상이 나타난다.
③ 성주신화에서는 부부 중심의 서사 구조가 나타난다.
④ 신화에는 당대 민족의 문화적 특징이 담겨있다.
⑤ 한반도 본토의 건국신화에서는 보통 부계 혈통의 근원을 하늘이라고 보았다.

정답해설 삼성신화에서 여성은 배를 타고 들어와 농경문화를 전래한 존재로 그려지고 있다. 이는 부계 혈통의 토착 부족에 새로운 부족이 결합하고, 토착 부족의 수렵 문화에 새로운 부족이 농경문화를 전파한 것으로 해석할 수 있다.

소요시간		채점결과	
목표시간	7분 20초	총 문항수	11문항
실제 소요시간	( )분 ( )초	맞은 문항 수	( )문항
초과시간	( )분 ( )초	틀린 문항 수	( )문항

정답 10 ③ | 11 ②

수리능력

II 수리능력

1. 응용계산

기출유형분석

문제풀이 시간 : 15초

▶ **C사의 작년 전체 사원수는 730명이었다. 올해는 남직원 수가 작년보다 5% 감소하고, 여직원 수가 2% 증가하여 전체 사원수는 718명이 되었다. 올해 남직원과 여직원 수는 각각 몇 명인지 구하시오.**

	남직원 수	여직원 수		남직원 수	여직원 수
①	364	354	②	363	355
③	362	356	④	361	357
⑤	360	358			

정답 해설

작년 남직원 수를 x, 여직원 수는 y라 하면

$x+y=730$

$(1-0.05)x+(1+0.02)y=718$

$x=380$이므로

올해의 남직원 수는 $380\times0.95=361$

올해의 여직원 수는 $718-361=357$

정답 ④

[01~40] 다음 물음에 알맞은 답을 구하시오.

총 문항 수 : 40문항 | 총 문제풀이 시간 : 15분 40초 | 문항당 문제풀이 시간 : 15~25초

01 30명이 4개씩 사과를 나누면 5개가 남는다고 할 때, 22명이 7개씩 나누면 몇 개가 부족한가?

① 27개
② 28개
③ 29개
④ 30개
⑤ 31개

정답 해설 30명이 4개씩 사과를 나누면 5개가 남으므로

$30 \times 4 + 5 = 125$

$22 \times 7 = 154$

$\therefore 125 - 154 = -29$(개)

02 가로의 길이가 세로의 길이보다 2cm 더 길고 넓이가 120cm²인 직사각형이 있다. 세로의 길이를 처음보다 20% 더 늘였을 때, 이 직사각형의 넓이는 몇 cm²인가?

① 132cm^2
② 144cm^2
③ 156cm^2
④ 168cm^2
⑤ 180cm^2

정답 해설 처음 직사각형의 가로 길이를 x라 하면

$x \times (x-2) = 120$

$x = 12$

즉 처음 직사각형의 가로는 12cm, 세로는 10cm이고

세로의 길이를 20% 늘이면 $10 \times (1+0.2) = 12\text{cm}$

따라서 세로의 길이를 늘인 직사각형의 넓이는 $12 \times 12 = 144\text{cm}^2$

정답 01 ③ | 02 ②

03 C사의 영업사원인 A, B 두 사람은 지난달에 25군데의 지점을 관리했다. 이번 달에 A는 지난달에 비해 관리 지점 수가 30% 증가, B는 40% 감소하여 두 사람이 합해서는 12% 감소했다. 이번 달에 A의 관리 지점은 몇 군데인가?

① 12　　② 13

③ 14　　④ 15

⑤ 16

정답 해설

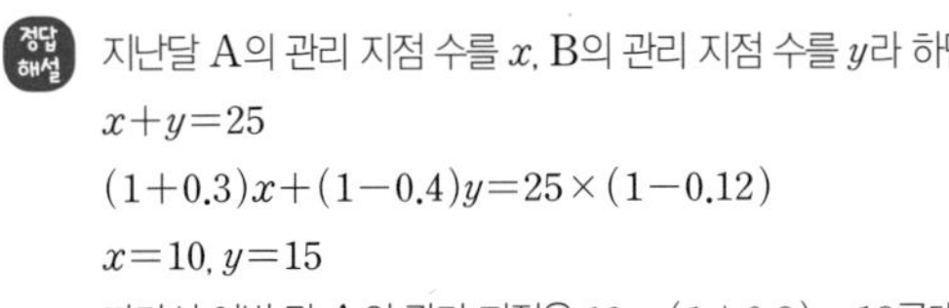

지난달 A의 관리 지점 수를 x, B의 관리 지점 수를 y라 하면

$x+y=25$

$(1+0.3)x+(1-0.4)y=25\times(1-0.12)$

$x=10,\ y=15$

따라서 이번 달 A의 관리 지점은 $10\times(1+0.3)=13$군데

04 올해 C사에 새로 입사한 사원은 250명이다. 내년에는 남자 사원을 올해 입사한 남자 사원의 8%만큼 적게 채용하고, 여자 사원은 17%만큼 더 채용하여 전체 255명을 채용하려고 한다. 내년 새로 채용할 여자 사원은 몇 명인가?

① 115명　　② 116명

③ 117명　　④ 118명

⑤ 119명

올해 입사한 남자 사원을 x, 여자 사원을 y라 하면

$$\begin{cases} x+y=250 \\ -0.08x+0.17y=5 \end{cases}$$

$x=150,\ y=100$

따라서 내년 새로 채용할 여자 사원은

$100\times(1+0.17)=117$명

05 한 우리 안에 얼룩말과 타조가 총 22마리 섞여 있는데, 다리의 수를 세어봤더니 72였다. 타조는 몇 마리 있는가?

① 7 ② 8
③ 9 ④ 10
⑤ 11

정답 해설 얼룩말의 수를 x, 타조의 수를 y라 하면
$x+y=22$
$4x+2y=72$
$y=22-x$를 대입하면
$4x+2(22-x)=72$
$x=14$, $y=8$

06 신입사원 550명 중 70%는 상경계, 30%는 인문계일 때 상경계와 인문계는 몇 명 차이인가?

① 180 ② 190
③ 200 ④ 210
⑤ 220

정답 해설 상경계 신입사원 수는 $550\times0.7=385$명
인문계 신입사원 수는 $550\times0.3=165$명
따라서 상경계와 인문계의 차이는
$\therefore 385-165=220$

다른 풀이 상경계와 인문계의 차이는 총 550명 중 40%이므로
$550\times0.4=220$

기출유형분석

문제풀이 시간 : 25초

▶ **30km 떨어진 곳에 위치한 A와 B 두 사람이 서로를 향해 각각 15km/h, 5km/h의 속도로 간다고 할 때, 두 사람은 동시에 출발한 후 얼마 뒤에 만나게 될지 구하시오.**

① 1시간 25분
② 1시간 30분
③ 1시간 40분
④ 1시간 45분
⑤ 1시간 50분

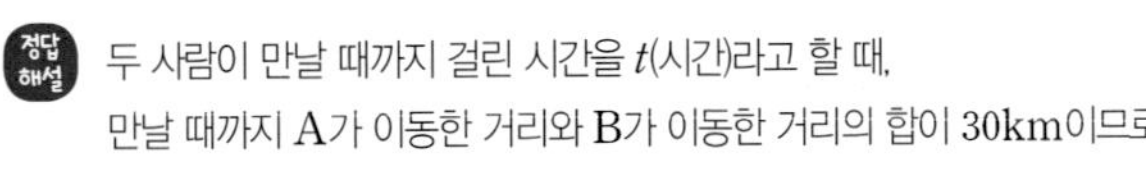

정답 해설 두 사람이 만날 때까지 걸린 시간을 t(시간)라고 할 때,

만날 때까지 A가 이동한 거리와 B가 이동한 거리의 합이 30km이므로

$15t+5t=30$

$t=1.5$(시간)

$\therefore t=1$(시간) 30(분)

핵심 정리 **거리·속력·시간 공식**

- 거리(s)=속력$(v)\times$시간(t)
- 속력$(v)=\dfrac{\text{거리}(s)}{\text{시간}(t)}$
- 시간$(t)=\dfrac{\text{거리}(s)}{\text{속력}(v)}$

정답 ②

07 가은이가 집에서 800m 떨어진 도서관을 갈 때 처음에는 분속 50m로 걷다가 나중에는 분속 200m로 뛰어갔더니 10분이 걸렸다. 가은이가 걸은 거리는 얼마인가?

① 400m
② 420m
③ 450m
④ 480m
⑤ 500m

정답해설 가은이가 걸은 거리를 x, 달린 거리를 y라고 하면

$x+y=800$ … ①

시간$=\frac{\text{거리}}{\text{속력}}$이므로

$\frac{x}{50}+\frac{y}{200}=10$ … ②

①과 ②를 연립하여 풀면

$x+y=800$, $4x+y=2,000$

$\therefore x=400$, $y=400$

08 A군은 4km/h로 걷는다. A군이 80분 동안 걷는 거리를 B군은 100분 만에 걷는다. B군의 속력은 얼마인가?

① 3.2km/h
② 3.4km/h
③ 3.8km/h
④ 4km/h
⑤ 4.2km/h

정답해설 거리=속력×시간이므로

A군이 80분 동안 걷는 거리 : $4\times80\text{분}=4\times\frac{80}{60}=\frac{16}{3}$

$\therefore$ B군의 속력 : $\frac{16}{3}\div\frac{100}{60}=3.2(\text{km/h})$

09 **현민이와 유민이는 걷기대회에 함께 참가했다. 현민이는 4.2km/h, 유민이는 3.5km/h의 속력으로 걷는다고 할 때, 현민이가 5시간 후 목표지점에 도착한 뒤 얼마 후에 유민이가 도착하는가?**

① 30분 후
② 1시간 후
③ 1시간 30분 후
④ 2시간 후
⑤ 2시간 30분 후

정답해설 현민이가 5시간 동안 걸은 거리 : $4.2 \times 5 = 21$(km)
유민이가 출발점에서 21km 떨어진 목표지점에 도착하기까지 걸리는 시간 : $21 \div 3.5 = 6$(시간)
∴ 현민이가 도착한 뒤 1시간 후에 유민이가 도착한다.

10 **A는 13km/h로, B는 22km/h로 동시에 같은 지점에서 같은 방향을 향해 걷기 시작했다. 2시간 후 두 사람 사이의 간격은 얼마인가?**

① 18km
② 22km
③ 36km
④ 42km
⑤ 44km

정답해설 A : $13 \times 2 = 26$(km)
B : $22 \times 2 = 44$(km)
∴ 두 사람 사이의 간격 : $44 - 26 = 18$(km)

11 기차의 속력이 120km/h일 때, 40분 동안 이 기차가 달린 거리는 얼마인가?

① 50km
② 70km
③ 80km
④ 100km
⑤ 110km

정답 해설 거리＝속력×시간이므로

$120 \times \frac{40}{60} = 80(\text{km})$

∴ 기차가 달린 거리 : 80(km)

12 강을 따라 36km 떨어진 A지점과 B지점을 배로 왕복했더니 갈 때는 4시간, 올 때는 3시간이 걸렸다. 이 배의 평균속력은 얼마인가? (단, 유속은 무시한다.)

① $\frac{21}{4}$km/h
② $\frac{21}{5}$km/h
③ $\frac{36}{7}$km/h
④ $\frac{72}{7}$km/h
⑤ 12km/h

평균속력＝$\frac{\text{총 거리}}{\text{총 시간}}$이므로

총 거리 : $36 \times 2 = 72(\text{km})$

총 시간 : $4 + 3 = 7(\text{h})$

∴ 평균속력 : $\frac{72}{7}(\text{km/h})$

13 장수가 시속 12km의 보트를 타고 강을 거슬러 24km를 올라가는 데 총 2시간 40분이 걸렸다고 한다. 이때 흐르는 강물의 속력은 몇 km/h인가?

① 2km/h
② 3km/h
③ 4km/h
④ 5km/h
⑤ 6km/h

정답해설 흐르는 강물의 속력을 $x$km/h라 두면, 시간$=\frac{\text{거리}}{\text{속력}}$이므로

$\frac{24}{12-x}=\frac{160}{60}$

$8(12-x)=3\times24$

$8x=24$

$\therefore x=3(\text{km/h})$

이 문제 중요!

14 두 지점 A, B를 자동차로 왕복하는 데 갈 때에는 시속 45km, 돌아올 때는 시속 30km로 달렸더니 돌아올 때에는 갈 때보다 30분 더 걸렸다고 한다. 두 지점 A, B 사이의 거리를 구하면?

① 30km
② 35km
③ 45km
④ 55km
⑤ 65km

정답해설 두 지점 A, B 사이의 거리를 x라고 하면 갈 때 걸린 시간은 $\frac{x}{45}$시간이고, 올 때 걸린 시간은 $\frac{x}{30}$시간이다. 돌아올 때 걸린 시간이 갈 때 걸린 시간보다 30분 더 걸리므로

$\frac{x}{30}-\frac{x}{45}=\frac{30}{60}$

$\therefore x=45(\text{km})$

기출유형분석

문제풀이 시간 : 25초

▶ 책을 한 권 복사하는 데 A 복사기는 12분, B 복사기는 8분이 걸린다. 처음 2분간은 A 복사기를 사용하고, 이후에 A와 B를 같이 사용한다면 총 복사 시간은 몇 분인지 구하시오.

① 5분 ② 6분

③ 7분 ④ 8분

⑤ 9분

총 소요시간$=\dfrac{\text{총 작업량}}{\text{평균 작업량}}$이므로 전체 작업량을 1이라고 하면,

처음 2분간 A의 작업량 : $\dfrac{2}{12}$

나머지 작업량 : $\dfrac{10}{12}$

나머지 복사 시간 : $\dfrac{10}{12}\div\left(\dfrac{1}{12}+\dfrac{1}{8}\right)=4$(분)

∴ 총 걸리는 시간 : $2+4=6$(분)

핵심정리 **일의 양**

전체 일의 양 또는 부피를 1이라 하면 다음의 공식이 성립한다.

- 작업속도$=\dfrac{1}{\text{걸리는 시간}}$
- 걸리는 시간$=\dfrac{\text{일의 양}(=1)}{\text{작업속도}}$

정답 ②

15 **A 혼자서 하면 30일 걸리는 일을 A, B가 같이 하니 20일 걸렸다. 이 일을 B 혼자서 하면 며칠이 걸리겠는가?**

① 20일　　② 30일

③ 40일　　④ 50일

⑤ 60일

정답 해설 B의 일의 양을 x라 하면

A의 1일 일량 : $\frac{1}{30}$, B의 1일 일량 : $\frac{1}{x}$

$20\times\left(\frac{1}{30}+\frac{1}{x}\right)=1$

$\therefore x=60$(일)

16 **어떤 일을 하는 데 A는 60시간, B는 90시간이 걸린다고 한다. A와 B가 함께 일을 하면 각자 능력의 20%를 분업 효과로 얻을 수 있다고 한다. A와 B가 함께 일을 한다면 몇 시간이 걸리겠는가?**

① 25시간　　② 30시간

③ 35시간　　④ 36시간

⑤ 40시간

정답 해설 A의 1시간 작업량 : $\frac{1}{60}$, B의 1시간 작업량 : $\frac{1}{90}$

A와 B의 1시간 작업량 : $\left(\frac{1}{60}+\frac{1}{90}\right)\times 1.2=\frac{1}{30}$

∴ 전체 일을 하는 데 걸리는 시간 : $1\div\frac{1}{30}=30$(시간)

17 **A는 10일, B는 20일 걸리는 일이 있다. 둘은 공동작업으로 일을 시작했으나, 도중에 A가 쉬었기 때문에 끝마치는 데 16일 걸렸다. A가 쉰 기간은 며칠인가?**

① 10일
② 12일
③ 14일
④ 15일
⑤ 16일

정답해설 A의 1일 일량 : $\frac{1}{10}$, B의 1일 일량 : $\frac{1}{20}$

B가 일한 날 수 : 16일, B의 총 일량 : $\frac{1}{20}\times16=\frac{4}{5}$

나머지가 A의 일량 : $\left(1-\frac{4}{5}\right)\div\frac{1}{10}=2$

A의 일한 날 수 : 2(일)

∴ A가 쉰 날 수 : 16−2=14(일)

18 **어떤 물탱크에 물을 가득 채우는 데 A관은 24분, B관은 36분이 걸린다. 처음 10분간은 A관만 사용하고 그 후에는 A관과 B관을 동시에 사용하여 물을 넣었을 때, 물탱크가 가득 찰 때까지 걸리는 시간을 구하면?**

① 14분 12초
② 15분 18초
③ 16분 30초
④ 18분 24초
⑤ 20분 32초

정답 해설 A관의 분당 주입량을 $\frac{1}{24}$, B관의 분당 주입량을 $\frac{1}{36}$이라 할 때,

처음 10분간 A관의 주입량 : $10\times\frac{1}{24}=\frac{5}{12}$ → 나머지 주입량은 $\frac{7}{12}$

A, B관의 분당 공동 주입량 : $\frac{1}{24}+\frac{1}{36}=\frac{5}{72}$

A, B관을 공동으로 사용한 시간 : $\frac{7}{12}\div\frac{5}{72}=\frac{42}{5}$

∴ 물탱크가 가득 찰 때까지의 시간 : $10+\frac{42}{5}=10+\left(8+\frac{2}{5}\right)=18+\frac{24}{60}$

∴ 18분 24초

기출유형분석

⏰ 문제풀이 시간 : 25초

▶ **12%의 소금물 200g에서 한 컵을 퍼낸 후 다시 퍼낸 양만큼 물을 붓고, 여기에 9%의 소금물을 더 넣어서 10%의 소금물 300g을 얻었다. 퍼낸 소금물의 양은 얼마인지 구하시오.**

① 24g ② 25g

③ 26g ④ 28g

⑤ 30g

정답 해설 12%의 소금물 200g에 들어있는 소금의 양 : $\frac{12}{100}\times200=24(\mathrm{g})$

퍼낸 소금물의 양을 xg이라 할 때 소금의 양 : $\frac{12x}{100}$

12%의 소금물 200g에 남아있는 소금의 양 : $24-\frac{12x}{100}$

(다시 퍼낸 양만큼 물을 넣기 때문에 소금의 양은 같다.)

9%의 소금물 100g을 추가로 넣었을 때 소금의 양 : $\left(24-\frac{12x}{100}\right)+9$

이는 10%의 소금물 300g에서 소금의 양과 같으므로

$\left(24-\frac{12x}{100}\right)+9=\frac{10}{100}\times300$

$24-\frac{12x}{100}=21$, $\frac{12}{100}x=3$

$\therefore x=25$

∴ 퍼낸 소금물의 양은 25g이다.

핵심 정리 **농도 관련 유형**

- 물을 넣어서 소금물의 농도를 낮추는 유형
- 물을 증발시켜 소금물의 농도를 높이는 유형
- 직접 소금을 넣어 소금물의 농도를 높이는 유형
- 농도가 다른 두 소금물을 합하여 중간 농도로 섞는 유형

정답 ②

Part I Part II Part III Part IV

19 농도 14%의 소금물 300g에 물을 더 넣어 농도를 4%로 하려고 한다. 물을 얼마나 더 넣어야 하는가?

① 300g ② 450g
③ 600g ④ 650g
⑤ 750g

정답 해설 농도가 14%인 소금물 300g의 소금의 양 : $\frac{14}{100} \times 300 = 42(g)$

여기에 넣을 물의 양을 x라고 한다면

$4 = \frac{42}{300+x} \times 100$

$4{,}200 = 4(300+x)$

$x = 750(g)$

∴ 750g의 물을 더 넣어야 한다.

20 3%의 식염수에 9%의 식염수를 섞어서 6%의 식염수 500g을 만들고자 한다. 9%의 식염수는 몇 g 필요한가?

① 100g ② 150g
③ 200g ④ 250g
⑤ 300g

정답 해설 3%의 식염수 : x, 9%의 식염수 : y

$x + y = 500$ … ①

$\frac{3}{100}x + \frac{9}{100}y = \frac{6}{100} \times 500$

$x + 3y = 1{,}000$ … ②

①과 ②를 연립해서 풀면,

$x = 250$, $y = 250$

∴ 9%의 식염수 양은 250g

21 물 120g에 식염 80g을 녹였을 때 이 식염수의 농도는 얼마인가?

① 10% ② 20% ③ 30% ④ 40% ⑤ 50%

정답 해설

식염수의 양=식염의 양+물의 양

식염수의 농도=$\frac{\text{식염의 양}}{\text{식염수의 양}}\times 100$이므로

$\frac{80}{80+120}\times 100=\frac{80}{200}\times 100=40(\%)$

∴ 식염수의 농도는 40%

22 5%의 식염수 200g에 10%의 식염수 200g을 넣으면 몇 %의 식염수가 만들어지는가?

① 7% ② 7.5% ③ 8% ④ 8.5% ⑤ 9%

5%의 식염수 200g의 식염 양 : $200\times\frac{5}{100}=10(g)$

10%의 식염수 200g의 식염 양 : $200\times\frac{10}{100}=20(g)$

∴ $\frac{10+20}{200+200}\times 100=7.5(\%)$

정답 19 ⑤ | 20 ④ | 21 ④ | 22 ②

23 25%의 식염수 300g에 75g의 식염을 넣었을 때 이 식염수의 농도는 얼마인가?

① 10%　② 20%　③ 30%　④ 40%　⑤ 50%

정답해설 25% 식염수 300g의 식염 양 : $\frac{25}{100}\times300=75(g)$

75g의 식염을 더 넣으면, $\frac{75+75}{300+75}\times100=40(\%)$

∴ 식염수의 농도는 40%

 이 문제 중요!

24 농도 4%의 소금물 xg과 10%의 소금물 250g을 섞은 후 증발시켜 200g을 만들었더니 농도가 15%가 되었다고 할 때, x의 값은?

① 120g　② 125g　③ 130g　④ 135g　⑤ 140g

정답해설 농도 10%의 소금물 안에 들어있는 소금의 양을 a라 하면

$\frac{a}{250}\times100=10,\ a=25(g)$

농도 4%의 소금물 안에 들어있는 소금의 양을 b라 하면

$\frac{25+b}{200}\times100=15,\ b=5(g)$

$\therefore\ \frac{5}{x}\times100=4,\ x=125(g)$

기출유형분석

문제풀이 시간 : 25초

▶ 어느 가게에서는 항상 상품들을 정상가격에서 20% 할인해서 판매하고, 세일 기간에는 할인가격에서 다시 30% 추가 할인을 해준다. 세일 기간에 이 가게에서는 물품을 정상가격에서 몇 % 할인하여 판매하는지 구하시오.

① 28% ② 30%
③ 42% ④ 44%
⑤ 46%

정답해설 정상가격을 a라 하면 20% 할인했을 때의 가격은
$a-0.2a=0.8a$
30% 추가 할인했을 때의 가격은
$0.8a-(0.8\times0.3)a=0.56a$
∴ 세일 기간에는 물품을 정상가격에서 44% 할인하여 판매한다.

정답 ④

이 문제 중요!

25 원가가 1,200원인 물품을 정가의 40%를 할인하여 팔아서 원가의 20% 이상의 이익을 얻으려고 한다. 정가는 얼마 이상이어야 하는가?

① 1,200원 이상 ② 1,500원 이상
③ 1,800원 이상 ④ 2,200원 이상
⑤ 2,400원 이상

정답해설 정가를 x라 하면
$x(1-0.4)\geq1{,}200(1+0.2)$
$0.6x\geq1{,}440$
$\therefore x\geq2{,}400$(원)

26 어느 가정의 1월과 6월의 가스요금 비율이 7:2이고, 1월의 가스요금에서 36,000원을 빼면 그 비율이 2:1이 된다. 1월의 가스요금을 구하면?

① 82,000원
② 84,000원
③ 85,000원
④ 86,000원
⑤ 88,000원

1월 가스요금을 $7k$, 6월 가스요금을 $2k$라 하면

$7k-36,000:2k=2:1$

$2\times 2k=1\times(7k-36,000)$, $k=12,000$

∴ 1월 가스요금 : $7\times 12,000=84,000$(원)

27 난영이가 가진 돈은 소영이가 가진 돈의 3배이다. 또 소영이가 가진 돈은 난영이가 가진 돈의 60%보다 340원 적다고 한다. 난영이와 소영이가 가진 돈의 액수는?

	난영	소영
①	975원	325원
②	1,125원	375원
③	1,275원	425원
④	1,425원	475원
⑤	1,520원	520원

난영이가 가진 돈을 x, 소영이가 가진 돈을 y라고 할 때,

$x=3y$, $y=0.6x-340$

이를 연립하여 풀면

$y=0.6(3y)-340$

$y=1.8y-340$

∴ $x=1,275$(원), $y=425$(원)

∴ 난영이는 1,275원을 소영이는 425원을 가지고 있다.

기출유형분석

문제풀이 시간 : 25초

▶ 자판기에서 수금한 동전의 총 개수가 257개이다. 50원짜리 동전은 10원짜리 동전보다 15개 적고, 100원짜리 동전은 10원짜리 동전보다 22개 많으며, 500원짜리 동전의 합계 금액은 12,500원이다. 이때 50원짜리 동전의 합계 금액을 구하시오.

① 1,000원
② 2,000원
③ 3,000원
④ 4,000원
⑤ 5,000원

정답 해설 10원짜리 동전의 개수를 x라 할 때, 나머지 동전의 개수는 다음과 같다.
50원짜리 동전의 개수 : $x-15$
100원짜리 동전의 개수 : $x+22$
500원짜리 동전의 개수 : $12,500 \div 500=25$(개)
동전의 개수가 257개이므로
$257=x+x-15+x+22+25$, $x=75$(개)
50원짜리 동전의 개수 : $75-15=60$(개)
∴ 50원짜리 동전의 합계 금액 : $50 \times 60=3,000$(원)

정답 ③

28 12명이 5개씩 귤을 나누면 7개가 부족하다고 할 때, 8명이 3개씩 나누어 가질 경우 남는 귤의 수는?

① 11개
② 17개
③ 22개
④ 25개
⑤ 29개

정답 해설 12명이 5개씩 귤을 나누면 7개가 부족하므로 귤의 개수는 $12 \times 5-7=53$(개)
8명이 3개씩 나누어 가지면 $8 \times 3=24$(개)의 귤이 필요하므로
∴ 남는 귤의 수는 $53-24=29$(개)

정답 26 ② | 27 ③ | 28 ⑤

29 과수원에서 딴 사과가 150개 있다. 사과를 5개씩 넣은 상자와 7개씩 넣은 상자를 묶으면 24상자가 되고 사과 2개가 남는다. 사과 7개가 들어간 상자의 수는?

① 11상자 ② 12상자
③ 13상자 ④ 14상자
⑤ 15상자

정답해설 사과 5개를 넣은 상자 : x, 사과 7개를 넣은 상자 : y

$x+y=24$(상자)

$5x+7y=150-2$, $5x+7y=148$

$\therefore y=14$상자

30 150원짜리 우표와 200원짜리 우표를 합해서 21장을 사고 4,000원을 냈는데 200원의 잔돈을 거슬러 받았다. 150원짜리 우표의 수는?

① 6장 ② 8장
③ 10장 ④ 12장
⑤ 14장

정답해설 150원짜리 우표 : x, 200원짜리 우표 : y

$x+y=21$(장)

$150x+200y=4{,}000-200$, $150x+200y=3{,}800$(원)

$y=21-x$를 $150x+200y=3{,}800$에 대입하여 풀면,

$150x+200(21-x)=3{,}800$(원)

$150x+4{,}200-200x=3{,}800$(원)

$\therefore x=8$장

31 엘리베이터로 1층에서 5층까지 가는 데 걸리는 시간이 12초이다. 1층에서 어느 층까지 엘리베이터로 가는 데 걸리는 시간이 36초라면, 몇 층까지 엘리베이터로 타고 갔는가?

① 9층　　② 10층
③ 11층　　④ 12층
⑤ 13층

정답해설 1층에서 5층까지 4개 층을 오르는 데 걸리는 시간이 12초이므로
1개 층을 오르는 데 걸리는 시간은 3초
$3\times(x-1)=36$ $\therefore x=13$(층)

32 연못 주위에 나무를 심으려고 하는데, 나무의 간격을 10m에서 5m로 바꾸면 필요한 나무는 11그루가 늘어난다. 연못의 둘레는?

① 100m　　② 110m
③ 120m　　④ 130m
⑤ 140m

정답해설 나무의 간격이 10m일 때 필요한 나무의 그루 수를 x라 하면
$10x=5(x+11)$
$\therefore x=11$(그루)
$\therefore$ 연못의 둘레$=10\times11=110$(m)

정답 29 ④ | 30 ② | 31 ⑤ | 32 ②

기출유형분석

문제풀이 시간 : 25초

▶ 아버지의 나이는 형 나이의 3배이고, 동생 나이의 5배이다. 형과 동생이 8살 차이라면 아버지의 나이는 몇 세인지 구하시오.

① 45세
② 50세
③ 55세
④ 60세
⑤ 65세

정답 해설 아버지의 나이를 x라 할 때

형의 나이 : $\frac{1}{3}x$, 동생의 나이 : $\frac{1}{5}x$

형과 동생의 나이 차는 8살이므로

$\frac{1}{3}x-\frac{1}{5}x=8$, $x=60$(세)

∴ 아버지의 나이는 60세이다.

정답 ④

33 현재 어머니와 딸의 나이를 합하면 64세이다. 8년 전에 어머니의 나이가 딸 나이의 3배였다고 하면, 현재 딸의 나이는 몇 세인가?

① 14세
② 16세
③ 20세
④ 24세
⑤ 27세

정답 해설 현재 딸의 나이 : x, 현재 어머니의 나이 : y

$x+y=64$ ⋯ ①

$y-8=3(x-8)$, $y=3x-16$ ⋯ ②

①과 ②를 연립해서 풀면

$x+3x-16=64$, $4x=80$

∴ $x=20$(세)

34 **미경이는 어느 해에 연우 나이의 2배가 된다. 그리고 그 다음 해에는 연우 나이의 1.5배가 된다. 연우의 나이는 현재 몇 살인가?**

① 1살 ② 2살
③ 3살 ④ 4살
⑤ 5살

정답해설 미경이의 나이 : x, 연우의 나이 : y
x는 어느 해에 y의 나이의 2배가 된다고 했으므로
$x=2y$
그 다음 해에는 1.5배가 되므로
$(x+1)=1.5(y+1)$ 여기에 $x=2y$를 대입하면
$2y+1=1.5y+1.5$
$\therefore y=1$(살)

35 **현재 어머니는 52세이고, 아들은 14세이다. 지금부터 몇 년 후에 어머니의 나이가 아들 나이의 3배가 되는가?**

① 3년 ② 4년
③ 5년 ④ 6년
⑤ 7년

정답해설 x년 후에 어머니의 나이는 아들 나이의 3배가 되므로
$52+x=3(14+x)$
$52+x=42+3x$
$\therefore x=5$(년)

정답 33 ③ | 34 ① | 35 ③

기출유형분석

⏰ 문제풀이 시간 : 25초

▶ **4개의 숫자 2, 4, 6, 8을 중복하여 세 자리 정수로 만든다면 모두 몇 개가 나오는지 구하시오.**

① 60개　　② 64개
③ 68개　　④ 72개
⑤ 78개

정답 해설 중복순열의 수를 구하는 것이므로 나올 수 있는 세 자리 정수는
$_{n}\Pi_{r}={}_{4}\Pi_{3}=4^{3}=64$(개)

핵심 정리 **정수를 만드는 경우의 수**

- 0이 포함되지 않고 서로 다른 숫자가 적힌 n장의 카드에서
  - 2장을 뽑아 만들 수 있는 두 자리 정수 : $n(n-1)$가지
  - 3장을 뽑아 만들 수 있는 세 자리 정수 : $n(n-1)(n-2)$가지
- 0이 포함된 서로 다른 숫자가 적힌 n장의 카드에서
  - 2장을 뽑아 만들 수 있는 두 자리 정수 : $(n-1)(n-1)$가지
  - 3장을 뽑아 만들 수 있는 세 자리 정수 : $(n-1)(n-1)(n-2)$가지

정답 ②

36 1부터 15까지 다른 숫자가 적힌 같은 크기와 모양을 가진 구슬이 주머니 속에 들어 있다. 이 주머니에서 구슬을 한 개 꺼낼 때, 나올 수 있는 숫자의 평균은 얼마인가?

① 7　② 8
③ 9　④ 10
⑤ 11

정답 해설 주머니에서 나올 수 있는 구슬의 수는 1~15이고 1부터 15까지의 합은 120이다.
따라서 나올 수 있는 숫자의 평균은 120÷15=8이다.

37 서로 다른 두 개의 주사위를 동시에 던질 때, 나오는 눈의 합이 2 또는 4가 되는 경우의 수를 구하면?

① 4가지　② 6가지
③ 8가지　④ 10가지
⑤ 12가지

정답 해설 서로 다른 주사위 A, B가 나온 눈을 (A, B)로 표시할 때, 각각의 경우의 수는 다음과 같다.
눈의 합이 2가 되는 경우 : (1, 1)
눈의 합이 4가 되는 경우 : (1, 3), (2, 2), (3, 1)
∴ 눈의 합이 2 또는 4가 되는 경우의 수는 4가지이다.

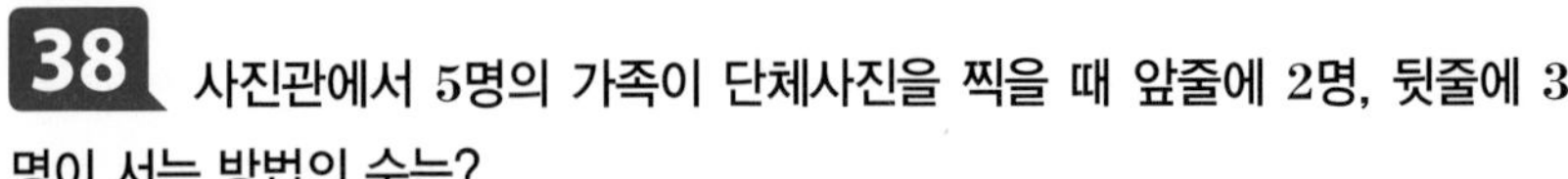

38 사진관에서 5명의 가족이 단체사진을 찍을 때 앞줄에 2명, 뒷줄에 3명이 서는 방법의 수는?

① 100가지 ② 110가지
③ 120가지 ④ 130가지
⑤ 140가지

정답해설 5명 중에 앞줄에 2명을 뽑아 세우는 방법은

$$_5P_2 \times {}_3P_3 = \frac{5!}{(5-2)!} \times \frac{3!}{(3-3)!}$$
$$= \frac{5!}{3!} \times \frac{3!}{1} = 5! = 120(\text{가지})$$

39 청기 3개, 백기 2개, 적기 1개를 모두 한 줄로 배열하여 신호를 만들려고 한다. 만들 수 있는 신호의 수는?

① 60가지 ② 70가지
③ 80가지 ④ 90가지
⑤ 100가지

정답해설 a, a, a, b, b, c의 순열의 수와 같다.

$$\therefore \frac{6!}{3! \times 2!} = \frac{6\cdot5\cdot4\cdot3\cdot2\cdot1}{3\cdot2\cdot1\times2\cdot1} = 60(\text{가지})$$

이 문제 중요!

40 주머니 속에 빨간 공 5개와 흰 공 3개가 들어 있다. 1개를 꺼낼 때 빨간 공일 확률은?

① $\frac{1}{8}$
② $\frac{1}{4}$
③ $\frac{3}{8}$
④ $\frac{5}{8}$
⑤ $\frac{7}{8}$

정답해설 공은 모두 8개이고, 그 중에 빨간 공은 5개이므로
1개를 꺼낼 때 빨간 공일 확률은 $\frac{5}{8}$

소요시간		채점결과	
목표시간	15분 40초	총 문항수	40문항
실제 소요시간	( )분 ( )초	맞은 문항 수	( )문항
초과시간	( )분 ( )초	틀린 문항 수	( )문항

정답 38 ③ | 39 ① | 40 ④

2. 자료해석

기출유형분석

문제풀이 시간 : 1분

▶ 주어진 자료들을 바탕으로 도출해 낼 수 있는 결론이 아닌 것을 고르시오.

[그림1] 전체 인구의 비만율 추이

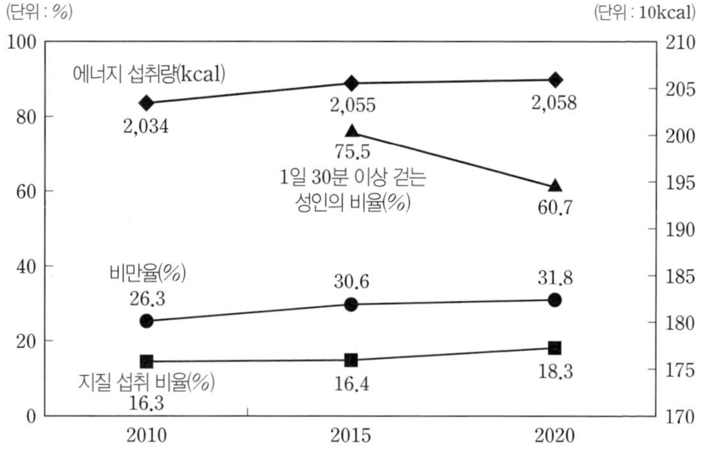

[그림2] 소아 및 청소년 비만 유병률 변화

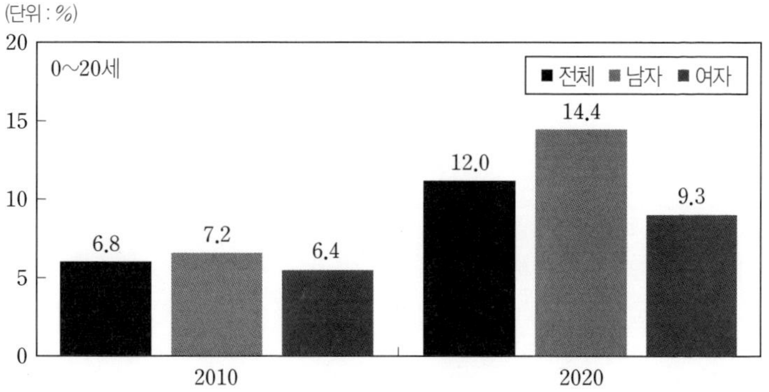

① 2020년의 지질 섭취 비율은 2015년보다 약 2% 증가했다.

② 조사기간에 에너지 섭취량과 활동량은 모두 증가했다.

③ 소아 및 청소년 비만은 10년 동안 약 2배 가까이 증가했다.

④ 2010년과 2020년 모두 남자 청소년의 비만 유병률이 여자 청소년에 비해 상대적으로 높다.

⑤ 전체 인구의 비만율은 점차 증가하고 있는 추세이다.

② 에너지 섭취량은 2010년에는 2,034kcal, 2015년에는 2,055kcal, 2020년에는 2,058kcal로 24kcal 증가했으나 활동량은 2015년 75.5%에서 2020년 60.7%로 14.8% 감소했다.

① 2015년 지질 섭취 비율은 16.4%, 2020년 지질 섭취 비율은 18.3%로 약 2% 증가했다.

③ 2010년 소아 및 청소년 비만 유병률은 6.8%, 2020년 소아 및 청소년 비만 유병률은 12%로 약 2배 증가하였다.

④ 2010년 남자 청소년 비만 유병률은 7.2%, 여자 청소년 비만 유병률은 6.4%, 2020년 남자 청소년 비만 유병률은 14.4%, 여자 청소년 비만 유병률은 9.3%로 남자 청소년의 비만 유병률이 상대적으로 높다.

⑤ 2010년 전체 비만율은 26.3%, 2015년 30.6%, 2020년 31.8%로 증가 추세이다.

- 자료해석 문제 풀이 시 절차

- 자료해석 문제를 푸는 노하우
  - 오답 제거하기 : 자료해석 문제는 자료를 얼마나 빠르고 정확하게 해석할 수 있는가를 평가하고자 하므로, 선택지 중에는 계산 과정 없이도 걸러낼 수 있는 오답이 상당수 있다.
  - 자의적으로 판단하지 말 것 : 자료해석 문제를 해결하기 위해서는 추론 과정을 거쳐야 한다. 이 과정에서 주의해야 할 점은 어디까지나 주어진 자료 내에서의 추론이어야 한다는 것이다. 내용상으로는 사실인 문장이지만 자료만으로 판단할 수 없는 선택지는 오답이 된다. 실수하기 쉬운 부분이므로 주의가 필요하다.

정답 ②

[01~25] 다음 자료를 읽고 물음에 답하시오.

총 문항 수 : 25문항 | 총 문제풀이 시간 : 25분 | 문항당 문제풀이 시간 : 1분

01 다음 표는 2016년부터 2019년까지 우리나라 건강보험의 재정현황을 나타낸 것이다. 이에 대한 설명으로 옳은 것은?

건강보험 재정현황

(단위 : 억 원)

구분		2016년	2017년	2018년	2019년
수입	계	472,058	505,155	532,920	564,864
	보험료	390,318	415,938	443,298	475,931
	보험재정국고지원금	48,007	52,957	55,716	52,002
	담배부담금	33,733	36,260	33,906	36,931
비용	계	412,653	447,525	481,621	531,496
	보험급여비	396,743	428,275	457,601	507,954
	관리운영비	6,308	6,418	6,233	6,042
	기타	9,602	12,832	17,787	17,500

※ 총수지율(%)$=\frac{\text{총비용}}{\text{총수입}}\times 100$

※ 당기차액=총수입−총비용

① 건강보험의 총수입과 총지출은 2016년 이후 매년 감소했다.

② 2019년 건강보험의 당기차액은 전년에 비해 증가했다.

③ 2018년 전년대비 건강보험의 수입증가율은 전년대비 비용증가율을 초과한다.

④ 2019년 건강보험 총수지율은 2016년보다 증가했다.

⑤ 2019년 건강보험 총비용의 전년대비 증가는 보험급여비항목의 비용증가에 기인한다.

④ 2016년 총수지율은 $\frac{412,653}{472,058} \times 100 ≒ 87.4\%$이고,

2019년 총수지율은 $\frac{531,496}{564,864} \times 100 ≒ 94.1\%$이므로 2016년보다 증가했다.

① 표를 통해 매년 증가함을 알 수 있다.

② 2018년 당기차액은 $532,920 - 481,621 = 51,299$이고,
2019년 당기차액은 $564,864 - 531,496 = 33,368$이므로 전년에 비해 감소했다.

③ 2018년 전년대비 건강보험의 수입증가율은 $\frac{(532,920 - 505,155)}{505,155} \times 100 ≒ 5.5\%$이고,

비용증가율은 $\frac{(481,621 - 447,525)}{447,525} \times 100 ≒ 7.6\%$이므로

전년대비 수입증가율은 전년대비 비용증가율을 초과하지 못한다.

⑤ 2019년 총비용은 531,496억 원으로 전년보다 49,875억 원 증가하였으며, 비용 항목별로 보면 관리운영비와 기타지출은 감소하였지만 보험급여비만 증가하였음을 알 수 있다.

정답 01 ④

02 다음은 (가) · (나) · (다) 생산 공장에서 생산하는 음료수의 1일 생산량을 나타낸 것이다. A~C 음료수에 대한 생산 비율 중 B음료수의 생산 비율이 가장 작은 공장은? (단, 소수점 이하는 절삭한다.)

음료수의 1일 생산량

(단위 : 개)

구 분	A음료수	B음료수	C음료수
(가) 공장	15,000	22,500	7,500
(나) 공장	36,000	48,000	18,000
(다) 공장	9,000	14,000	5,000

① (가) 공장
② (나) 공장
③ (다) 공장
④ (가), (나) 공장
⑤ 모두 같음

각 공장의 B음료수 생산 비율을 구하면 다음과 같다.

(가) 공장 : $\frac{22,500}{15,000+22,500+7,500} \times 100 = 50(\%)$

(나) 공장 : $\frac{48,000}{36,000+48,000+18,000} \times 100 \fallingdotseq 47(\%)$

(다) 공장 : $\frac{14,000}{9,000+14,000+5,000} \times 100 = 50(\%)$

따라서 (나) 공장의 생산 비율이 약 47%로 가장 작다.

03 다음은 취업자 및 취업자 증감률에 관한 표이다. 취업자가 가장 많은 달을 찾아 전년도 동월의 취업자 수를 구하면? (단, 천 단위 미만은 절삭한다.)

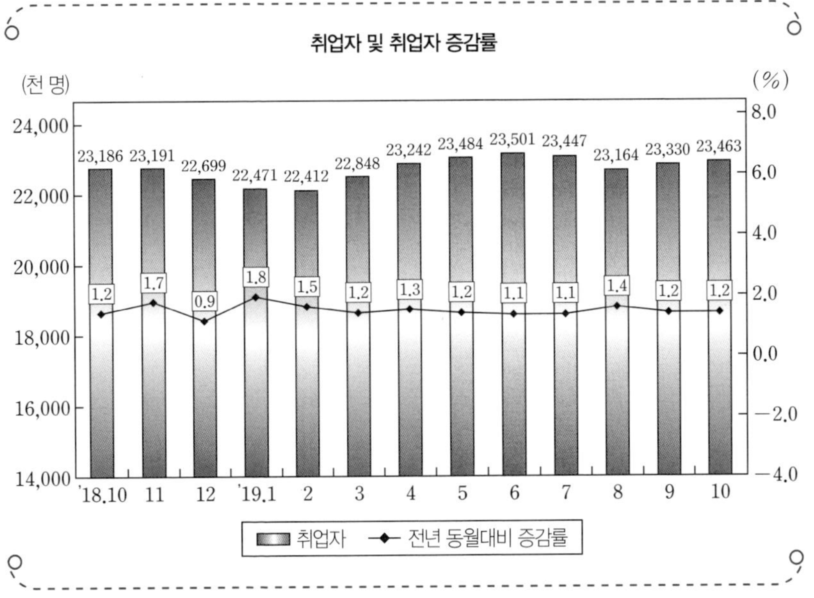

① 19,570천 명
② 21,315천 명
③ 22,315천 명
④ 23,245천 명
⑤ 23,423천 명

정답 해설 취업자가 가장 많은 달은 2019년 6월이고, 이 달의 전년 동월대비 증감률은 1.1%이므로

$x+0.011x=23,501,000$(명)

$1.011x=23,501,000$(명), $x=23,245,301.6815\cdots$

따라서 취업자가 가장 많은 2019년 6월의 전년도 동월인 2018년 6월의 취업자 수는 23,245천 명(천 단위 미만 절삭)이다.

04 다음 표는 서울의 미세먼지 월별 대기오염도 측정도를 나타낸 것이다. 이에 대한 설명으로 옳지 않은 것은?

미세먼지 월별 대기오염도

(단위 : $\mu g/m^3$)

구분	2019년 5월	2019년 6월	2019년 7월	2019년 8월	2019년 9월
중구	54	33	31	20	31
강남구	62	43	35	22	33
영등포구	71	46	37	26	41
성동구	74	44	30	22	36
양천구	53	41	21	24	32

① 성동구는 6월 미세먼지의 대기오염도가 8월의 2배이다.
② 5월부터 7월까지는 미세먼지의 대기오염도가 감소하고 있다.
③ 모든 구에서 8월의 미세먼지의 대기오염도가 가장 낮다.
④ 7월에는 영등포구의 미세먼지의 대기오염도가 가장 높다.
⑤ 강남구의 미세먼지 대기오염도가 두 번째로 낮은 달은 9월이다.

 ③ 양천구는 8월(24)보다 7월(21)의 미세먼지의 대기오염도가 더 낮다.

이 문제 중요!

05 다음의 표는 2019년 한 해 동안 A · B · C역의 이용 승객을 연령대별로 나타낸 것이다. 2019년 C역을 이용한 30대 이상의 승객 수는 B역을 이용한 30대 미만의 승객 수의 몇 배인가? (단, 소수점 둘째 자리에서 반올림한다.)

2019년 A · B · C역의 이용현황

구분	10대	20대	30대	40대	50대 이상	총 이용 인원 수 (천 명)
A역	7%	19%	25%	27%	22%	3,200
B역	3%	16%	23%	38%	20%	1,800
C역	16%	37%	18%	17%	12%	2,400

① 약 3.1배
② 약 3.3배
③ 약 3.4배
④ 약 3.5배
⑤ 약 3.7배

정답 해설

C역을 이용한 30대 이상의 승객 수 : 2,400,000×0.47(=0.18+0.17+0.12)=1,128,000(명)
B역을 이용한 30대 미만의 승객 수 : 1,800,000×0.19(=0.03+0.16)=342,000(명)
∴ 1,128,000÷342,000≒3.3(배)

정답 04 ③ | 05 ②

06 다음은 이동통신 사용자의 통신사별 구성비와 향후 통신사 이동 성향에 관한 자료이다. 1년 뒤 총 사용자 중 A사의 사용자는 몇 %인가?

이동통신 사용자의 통신사 이동 성향

(단위 : %)

현재 \ 1년 뒤	A사	B사	C사	합계
A사	80	10	10	100
B사	10	70	20	100
C사	40	10	50	100

현재 이동통신 사용자의 통신사별 구성비

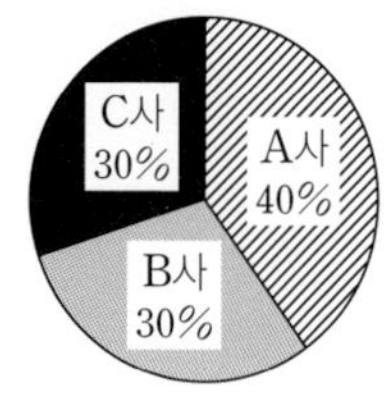

① 32% ② 35%

③ 39% ④ 43%

⑤ 47%

전체 사용자를 100으로 잡았을 때

현재 A사 사용자는 이동통신 사용자의 40%이고, 이 중 80%는 1년 후에도 A사의 사용자로 남아있으므로

$40 \times 0.8 = 32(\%)$

현재 B사의 사용자는 이동통신 사용자의 30%이고, 이 중 10%는 1년 뒤 A사의 사용자이므로

$30 \times 0.1 = 3(\%)$

현재 C사의 사용자는 이동통신 사용자의 30%이고, 이 중 40%는 1년 뒤 A사의 사용자이므로

$30 \times 0.4 = 12(\%)$

$\therefore 32 + 3 + 12 = 47(\%)$

07 다음 표는 소비자물가지수를 나타낸 것이다. 2020년 소비자물가상승률은 얼마인가? (단, 소수점 둘째자리에서 반올림함)

소비자물가지수

(단위 : %)

구분	2014년	2015년	2016년	2017년	2018년	2019년	2020년
소비자물가지수	94.7	96.8	98.0	99.3	100.0	101.0	102.9

※ 소비자물가지수는 2018년=100을 기준으로 함

※ 소비자물가상승률={(금년도 소비자물가지수÷전년도 소비자물가지수)−1}×100

① 1.9%
② 2.0%
③ 2.1%
④ 2.2%
⑤ 2.3%

정답해설 2020년 소비자물가상승률={(102.9÷101.0)−1}×100≒1.9%

08 다음은 100명이 지원한 C사의 입사시험에서 지원자들의 졸업성적과 면접점수의 상관관계를 조사하여 그 분포수를 표시한 것이다. 졸업성적과 면접점수를 합친 총점이 170점 이상인 지원자 중 면접 점수가 80점 이상인 사람을 합격자로 할 때, 합격자 수는 총 몇 명인가?

(단위 : 명)

졸업성적 \ 면접점수	60점	70점	80점	90점	100점
100점	1	5	4	6	1
90점	3	4	5	5	4
80점	1	3	8	7	5
70점	4	5	7	5	2
60점	2	3	5	3	2

① 37명
② 38명
③ 39명
④ 40명
⑤ 42명

정답해설 졸업성적과 면접점수를 합친 총점이 170점 이상인 지원자는 모두 44명이다. 이 중에서 면접 점수가 80점 이상인 지원자는 면접점수가 70점인 5명을 제외한 39명이다.

(단위 : 명)

졸업성적 \ 면접점수	60점	70점	80점	90점	100점
100점	1	5	4	6	1
90점	3	4	5	5	4
80점	1	3	8	7	5
70점	4	5	7	5	2
60점	2	3	5	3	2

09 다음 표는 우리나라의 돼지고기 수입 현황이다. 2015년부터 우리나라에 대한 돼지고기 수입량이 꾸준히 증가한 나라들에서 2019년 한 해 동안 수입한 돼지고기는 총 몇 톤인가?

국가별 돼지고기 수입 현황

(단위 : 톤)

구분	2015년	2016년	2017년	2018년	2019년
미국	17,335	14,448	23,199	62,760	85,744
캐나다	39,497	35,595	40,469	57,545	62,981
칠레	3,475	15,385	23,257	32,425	31,621
덴마크	21,102	19,430	28,190	25,401	24,005
프랑스	111	5,904	14,108	21,298	22,332
벨기에	19,754	14,970	19,699	17,903	20,062
오스트리아	4,474	2,248	6,521	9,869	12,495
네덜란드	2,631	5,824	8,916	10,810	12,092
폴란드	1,728	1,829	4,950	7,867	11,879

① 46,303톤
② 48,296톤
③ 50,584톤
④ 65,047톤
⑤ 72,724톤

정답 해설 2015년부터 국가별 수입량이 꾸준히 증가한 나라는 프랑스, 네덜란드, 폴란드이다.
2019년 이들 나라에서 수입한 돼지 고기를 모두 더하면 46,303톤(22,332＋12,092＋11,879)이다.

10 다음은 주요 국가들의 연구개발 활동을 정리한 자료이다. 이를 바탕으로 할 때, 일본의 노동인구 500명당 연구원 수는?

주요 국가들의 연구개발 활동 현황

국가명	절대적 투입규모		상대적 투입규모		산출규모	
	총 R&D 비용 (백만 달러)	연구원 수 (명)	GDP대비 총 R&D 비용(%)	노동인구 천 명당 연구원 수(명)	특허 등록 수(건)	논문 수(편)
독일	46,405	516,331	2.43	13.0	51,685	63,847
미국	165,898	962,700	2.64	7.4	147,520	252,623
스웨덴	4,984	56,627	3.27	13.1	18,482	14,446
아이슬란드	663	1,363	1.33	9.5	35	312
아일랜드	609	7,837	1.77	5.6	7,088	2,549
영국	20,307	270,000	2.15	9.5	43,181	67,774
일본	123,283	832,873	2.68	8.0	141,448	67,004
프랑스	30,675	314,170	2.45	12.5	46,213	46,279
한국	7,666	98,764	2.22	7.3	52,900	9,555

① 2명　② 4명
③ 6명　④ 8명
⑤ 10명

일본의 노동인구 천 명당 연구원 수가 8명이므로
노동인구 500명당 연구원 수를 x라 하면
$1,000:8=500:x$, $x=4$(명)
따라서 일본의 노동인구 500명당 연구원 수는 4명이다.

11 다음은 어느 지역의 급식 시행 학교 수와 급식인력 현황을 나타낸 표이다. 전체 급식 시행 학교에서 급식인력은 평균 몇 명인가? (단, 소수점 이하는 반올림한다.)

학교별 급식 시행 학교 수와 급식인력 현황

(단위 : 개, 명)

구분	급식 시행 학교 수	직종별 급식인력					
		영양사			조리사	조리 보조원	급식인력 합계
		정규직	비정규직	소계			
초등학교	137	95	21	116	125	321	562
중학교	81	27	34	61	67	159	287
고등학교	63	56	37	93	59	174	326
특수학교	5	4	0	4	7	9	20
전체	286	182	92	274	258	663	1,195

① 약 3명
② 약 4명
③ 약 5명
④ 약 6명
⑤ 약 7명

정답 해설 전체 급식 시행 학교 수는 286개이고, 총 급식인력은 1,195명으로 전체 급식 시행 학교에 대한 평균 급식인력은

$$\frac{\text{급식인력 총계}}{\text{전체 급식 시행 학교 수}}=\frac{1,195}{286}=4.17832\cdots$$

따라서 전체 급식 시행 학교에서 급식인력은 평균 4명이다.

정답 10 ② | 11 ②

12 **다음은 사원 여행지 결정을 위해 60명에게 설문을 한 결과이다. 이에 따라 2019년 자원 봉사를 선택한 사람의 수는 2018년에 비해 몇 % 증가했는가?**

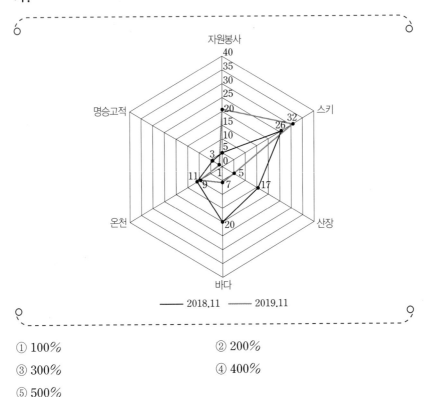

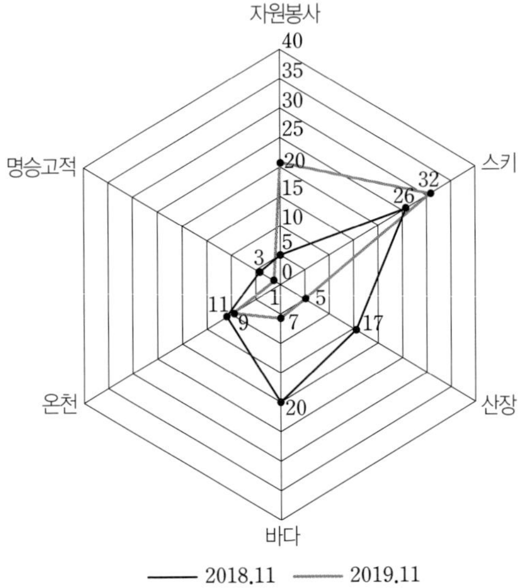

자원봉사
40
35
30
25
20
15
10
5
0
명승고적
스키
온천
산장
바다
3
1
32
26
11
9
7
5
17
20
20
5
— 2018.11 — 2019.11

① 100%

② 200%

③ 300%

④ 400%

⑤ 500%

정답해설 2018년의 설문에서 자원봉사라고 응답한 사람은 모두 5명이다. 2019년 같은 항목에 응답한 사람은 모두 20명이므로 전년 대비 15명 증가했다.

따라서 2018년 대비 2019년은 $\frac{15}{5} \times 100 = 300(\%)$ 증가했다.

이 문제 중요!

13 다음 표는 영농형태별 가구원 1인당 경지면적을 나타낸 것이다. 2020년 가구원 1인당 경지면적이 가장 큰 영농형태는?

영농형태별 가구원 1인당 경지면적

(단위 : m^2)

영농형태 \ 연도	2018년	2019년	2020년
논벼	8,562.104	8,708.261	8,697.995
과수	6,627.331	6,534.766	6,072.403
채소	5,098.830	5,934.209	5,445.083
특용작물	8,280.670	7,849.730	10,528.868
화훼	3,061.984	3,674.943	3,428.802
일반밭작물	8,808.634	8,982.871	8,805.360
축산	4,536.157	4,519.100	5,008.592
기타	6,314.491	6,093.295	6,596.595

① 논벼
② 채소
③ 일반밭작물
④ 축산
⑤ 특용작물

정답 해설 2020년 가구원 1인당 경지면적이 가장 큰 영농형태는 특용작물임을 표를 통해 바로 알 수 있다.

14 다음 표는 연령집단별 대통령 선거투표율을 나타낸 것이다. 이에 대한 설명으로 옳지 않은 것은?

대통령 선거투표율

(단위 : %)

구분	2002년	2007년	2012년	2017년
19세	–	54.2	74.0	77.7
20대	51.1	57.9	71.1	77.1
30대	64.3	51.3	67.7	74.3
40대	76.3	66.3	75.6	74.9
50대	83.7	76.6	82.0	78.6
60대 이상	78.7	76.3	80.9	84.1

※ 투표율=(투표자수÷선거인수)×100

※ 2002년 당시에는 만 20세 이상이 선거권을 가지고 있었음

① 60대 이상 2012년 투표자는 지난 선거 대비 4.6천 명 늘었다.

② 19세, 20대만 투표율이 계속해서 증가하고 있다.

③ 선거투표율은 모든 연령층에서 과반수를 넘기고 있다.

④ 50대 2017년 투표율은 지난 선거 대비 3.4% 감소하였다.

⑤ 2017년 선거에서 60대 이상 투표율이 가장 높다.

정답 해설 ① 60대 이상 2012년 투표율은 지난 선거 대비 4.6% 늘었다. 투표자는 주어진 자료에서 알 수 없다.

이 문제 중요!

15 다음 표는 연령별 농가 가구원 수 표이다. 2017년부터 2020년까지 가구원 수의 감소폭이 가장 큰 연령대는?

연령별 농가 가구원 수

[단위 : 명(전국 평균)]

연령 \ 연도	2017	2018	2019	2020
계	3.29	3.23	3.12	3.08
14세 이하	0.46	0.44	0.4	0.36
15~19세	0.26	0.22	0.19	0.18
20~24세	0.15	0.16	0.14	0.13
25~29세	0.14	0.14	0.12	0.12
30~34세	0.1	0.1	0.1	0.09
35~39세	0.17	0.16	0.14	0.13
40~44세	0.22	0.21	0.19	0.19
45~49세	0.23	0.23	0.23	0.23
50~54세	0.26	0.26	0.27	0.26
55~59세	0.35	0.34	0.31	0.29
60~64세	0.38	0.37	0.38	0.39
65세 이상	0.57	0.6	0.65	0.71

① 14세 이하
② 15~19세
③ 25~29세
④ 35~39세
⑤ 40~44세

정답해설 14세 이하만 2017년부터 2020년까지 0.1명 감소했다. 나머지 감소한 연령대의 감소폭은 0.1명 미만의 수치이다.

16 다음 표는 국내여객 · 화물수송량 및 분담률을 나타낸 표이다. 이에 대한 해석으로 적절하지 않은 것은?

국내여객 · 화물수송량 및 분담률

(단위 : 천 명, 천 톤, %)

구분			2014년	2015년	2016년	2017년	2018년	2019년
여객	철도	수송량	950,995	969,145	989,294	1,018,977	1,020,319	1,060,926
		분담률	8.1	8	7.8	7.8	8	8.2
	지하철	수송량	2,020,360	2,079,961	2,090,290	2,141,872	2,182,346	2,273,086
		분담률	17.1	17.2	16.6	16.5	17	17.5
	공로	수송량	8,801,839	9,014,747	9,518,760	9,798,410	9,588,133	9,646,404
		분담률	74.6	74.5	75.4	75.4	74.8	74.1
	해운	수송량	11,099	11,574	12,634	14,162	14,868	14,312
		분담률	0.1	0.1	0.1	0.1	0.1	0.1
	항공	수송량	17,156	17,181	16,848	16,990	18,061	20,216
		분담률	0.1	0.1	0.1	0.1	0.1	0.2
화물	철도	수송량	41,669	43,341	44,562	46,805	38,898	39,217
		분담률	6.1	6.3	6.2	6.4	5.1	5
	공로	수송량	526,000	529,278	550,264	555,801	607,480	619,530
		분담률	76.5	76.6	76.9	76.2	79.2	79.6
	해운	수송량	119,410	117,805	120,079	126,964	120,031	119,022
		분담률	17.4	17.1	16.8	17.4	15.7	15.3
	항공	수송량	372	355	316	254	268	262
		분담률	0.1	0.1	0.1	0.1	0.1	0.1

① 철도여객 수송량은 2014년 이후 지속적으로 증가하였다.

② 여객과 화물의 분담률에서 가장 높은 비중을 차지하는 것은 공로수송이다.

③ 항공여객의 수송량의 경우 2019년에는 전년대비 19.5% 크게 상승하였다.

④ 화물의 해운 수송량은 2015년부터 2017년까지 증가하다가 2018년부터 감소하였다.

⑤ 여객의 해운 수송량은 2014년 이후 2018년까지 꾸준히 증가하였다.

정답 해설 2019년 항공여객기 수송량의 전년대비 상승률

$\frac{20,216-18,061}{18,061} \times 100 = 11.931786\cdots(\%)$

따라서 2019년 항공여객 수송량은 2018년에 비해 약 12(%) 상승했다.

이 문제 중요!

17 다음은 실업자와 실업률의 추세를 나타낸 표이다. 이 자료를 통해 확인할 수 없는 것은?

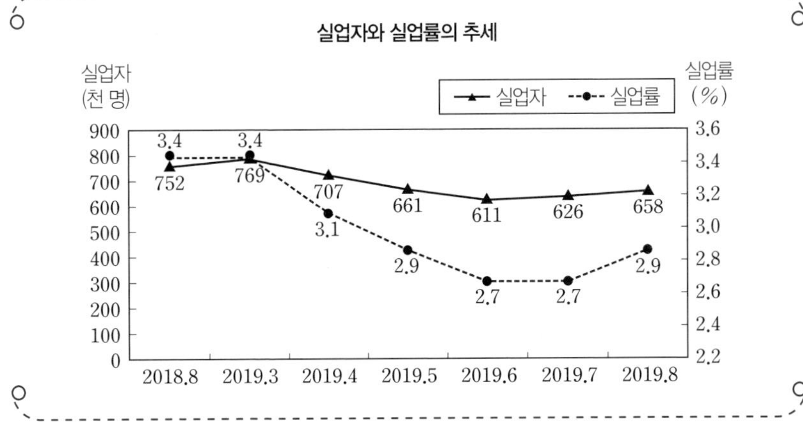

① 2019년 3월 이후 6월까지 실업자 수와 실업률은 지속적으로 감소하였다.

② 2018년 8월부터 2019년 3월까지 실업자 수는 증가하였다.

③ 2018년 8월부터 2019년 3월까지 실업률은 변화가 없다.

④ 2019년 6월부터 2019년 7월까지 실업자 수는 증가하였다.

⑤ 실업자 수가 가장 급격히 감소한 시기는 2019년 4월부터 2019년 5월이다.

⑤ 2019년 3월에서 2019년 4월까지의 실업자 수는 62,000명 감소하였고, 2019년 4월에서 2019년 5월까지 실업자 수는 46,000명 감소하였다. 따라서 실업자 수가 가장 급격히 감소한 시기는 2019년 3월부터 2019년 4월이다.

① 2019년 3월부터 6월까지 실업자 수는 769,000명, 707,000명, 661,000명, 611,000명으로 지속적으로 감소하여 총 158,000명이 감소했으며 같은 시기의 실업률 또한 3.4%, 3.1%, 2.9%, 2.7%로 지속적으로 감소하여 총 0.7% 감소했다.

② 2018년 8월부터 2019년 3월까지의 기간 동안 실업자 수는 17,000명 증가했다.

③ 2018년 8월부터 2019년 3월까지의 실업률은 3.4%로 동일하다.

④ 2019년 6월부터 2019년 7월까지의 실업자 수는 15,000명 증가했다.

18 다음 주어진 자료를 통해 해석할 수 있는 내용으로 옳지 않은 것은?

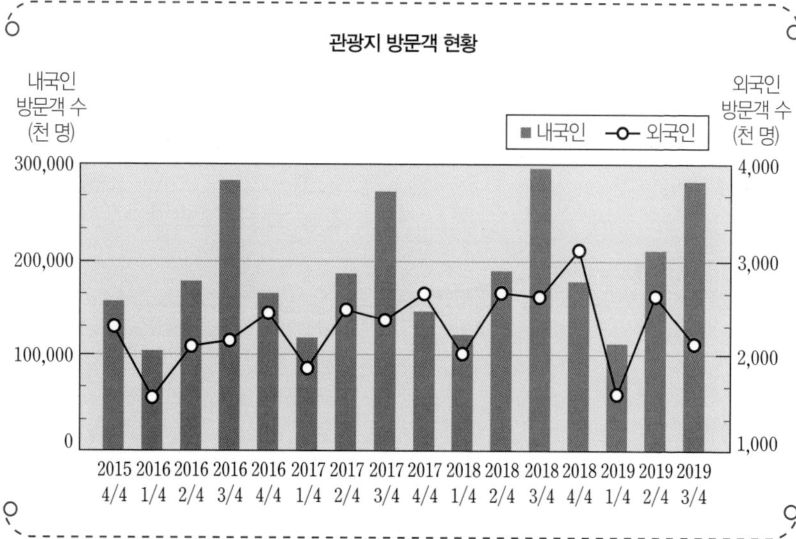

① 내국인의 경우 1년 중 1/4분기의 관광객 수가 가장 적다.

② 외국인의 경우 1년 중 4/4분기의 관광객 수가 가장 많다.

③ 조사기간에 외국인 관광객 수는 2018년 4/4분기에 최고치를 기록하였다.

④ 조사기간에 해외여행사가 가장 호황을 누렸을 시기는 2018년 4/4분기이다.

⑤ 여행사 측에서 볼 때, 4/4분기에는 주로 내국인을 대상으로 한 마케팅이 효과적이다.

정답 해설 여행사 측에서 볼 때, 4/4분기에는 주로 외국인 방문객 수가 최대이므로 이 시기에는 외국인을 대상으로 한 마케팅이 효과적이라는 것을 유추할 수 있다.

19 다음은 A~D음료의 8개 항목에 대한 소비자 평가 결과를 나타낸 것이다. 이에 대한 설명 중 옳은 것은?

A~D음료의 항목별 소비자 평가

(단위 : 점)

[A음료]

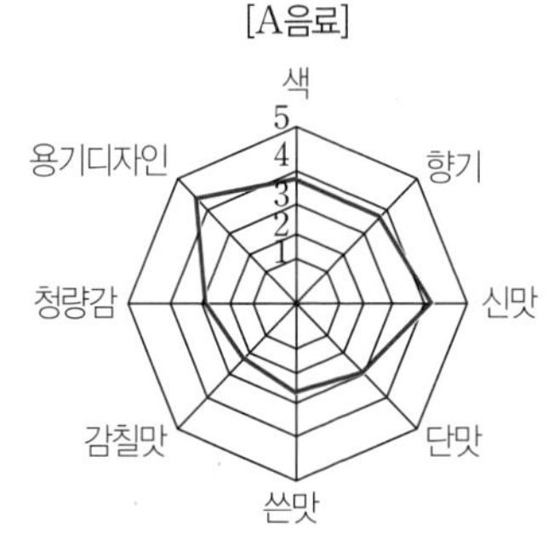

[B음료]

[C음료]

[D음료]

※ 최저점은 1점, 최고점은 5점임

정답 18 ⑤ | 19 ②

① C음료는 8개 항목 중 쓴맛의 점수가 가장 높다.

② 용기디자인 점수는 A음료가 가장 높고, C음료가 가장 낮다.

③ A음료는 B음료보다 7개 항목에서 각각 높은 점수를 받았다.

④ 소비자 평가 결과의 항목별 점수의 합은 B음료가 D음료보다 크다.

⑤ 색의 점수가 가장 높은 음료는 단맛 점수도 가장 높다.

정답 해설 ① C음료는 8개 항목 중 단맛의 점수가 가장 높다.

③ A음료가 B음료보다 높은 점수를 받은 항목은 색, 용기디자인, 청량감, 감칠맛, 신맛, 향기의 6개 항목이다.

④ 항목별 점수의 합은 각 점수를 이은 다각형의 넓이로 판단할 수 있다. B음료의 다각형이 D음료의 다각형보다 작으므로 점수의 합은 D음료가 B음료보다 크다.

⑤ 색의 점수가 가장 높은 음료는 A음료이고, 단맛 점수가 가장 높은 음료는 B음료와 C음료이다.

20 **다음 그림은 A씨와 B씨의 체중 변화를 나타낸 것이다. 3년 전 동월 대비 2020년 3월 A씨와 B씨의 체중 증가율을 바르게 비교한 것은? (단, 소수점 첫째 자리에서 반올림한다.)**

[그림1] A씨의 체중 변화

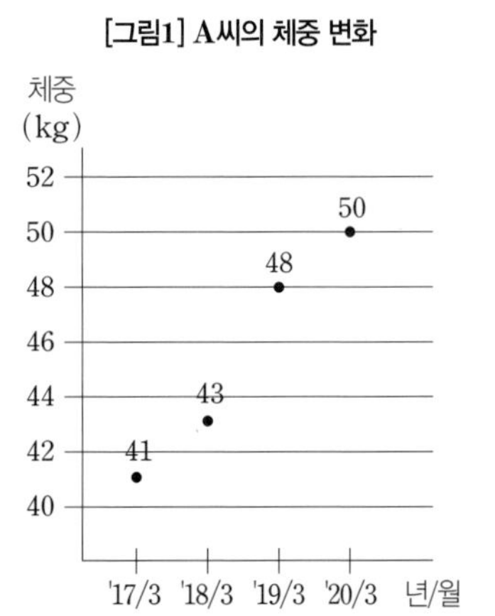

[그림2] B씨의 체중 변화

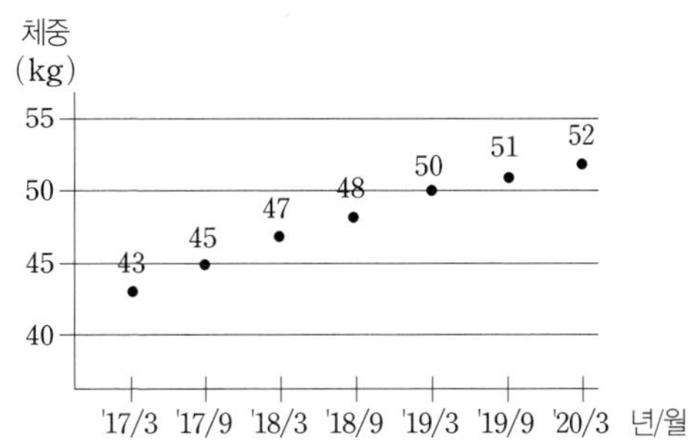

① A씨의 체중 증가율은 B씨의 체중 증가율보다 약 1% 더 높다.

② A씨의 체중 증가율은 B씨의 체중 증가율보다 약 10% 더 높다.

③ A씨의 체중 증가율은 B씨의 체중 증가율보다 약 1% 더 낮다.

④ A씨의 체중 증가율은 B씨의 체중 증가율보다 약 10% 더 낮다.

⑤ A씨의 체중 증가율과 B씨의 체중 증가율은 동일하다.

정답해설 A씨의 체중 증가율 : $\frac{9}{41} \times 100 \fallingdotseq 22(\%)$, B씨의 체중 증가율 : $\frac{9}{43} \times 100 \fallingdotseq 21(\%)$

따라서 3년 전 동월 대비 2020년 3월 A씨의 체중 증가율은 B씨의 체중 증가율보다 약 1% 더 높다.

정답 20 ①

21 다음 표와 그림은 신 · 재생에너지 발전량과 비율을 나타낸 것이다. 2019년 신 · 재생에너지발전량비율은 전년대비 얼마나 증가했는가? (단, 소수점 셋째자리에서 반올림함)

신 · 재생에너지 발전량

(단위 : GWh, %)

구분	2013년	2014년	2015년	2016년	2017년	2018년	2019년
총발전량	474,660	501,527	532,191	543,098	546,249	560,974	561,826
신 · 재생 에너지 발전량	5,890	17,346	19,498	21,438	26,882	37,079	40,656

※ 신 · 재생에너지발전량비율=(신 · 재생에너지발전량÷총발전량)×100

신 · 재생에너지 발전량비율

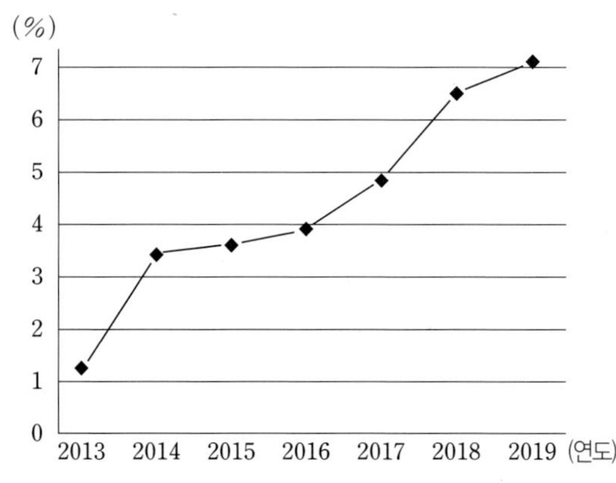

① 약 0.27% ② 약 0.36%

③ 약 0.45% ④ 약 0.54%

⑤ 약 0.63%

2018년 신 · 재생에너지 발전량비율 $=\frac{37,079}{560,974}\times 100 \fallingdotseq 6.61$

2019년 신 · 재생에너지 발전량비율 $=\frac{40,656}{561,826}\times 100 \fallingdotseq 7.24$

따라서 전년대비 2019년 신 · 재생에너지발전량비율은 $7.24-6.61=0.63\%$ 증가했다.

22 다음 [표]는 2013년에서 2019년까지 주요 교통수단별 인구 10만 명당 교통사고 사망자 수를 나타낸 자료이다. [표]에 대한 해석 중 옳지 않은 것은?

[표] 교통수단별 인구 10만 명당 교통사고 사망자 수 변화 추이

(단위 : 명)

연도 교통수단	2013년	2014년	2015년	2016년	2017년	2018년	2019년
A	31.5	30.0	28.2	25.5	23.3	24.0	24.3
B	24.5	23.5	22.0	21.4	20.0	20.7	21.3
C	14.1	17.0	18.9	19.4	21.6	22.1	24.4
D	4.2	4.5	5.5	6.7	7.3	7.9	8.9
E	1.5	1.7	2.0	2.2	2.1	2.4	4.9
F	5.2	7.2	7.0	6.5	5.3	3.8	5.6
합계	81.0	83.9	83.6	81.7	79.6	80.9	89.4

① C에 의한 사고의 경우 인구 10만 명당 사망자 수는 지속적으로 증가하고 있다.

② C에 의한 사고의 경우 2019년과 2013년의 인구 10만 명당 사망자 수의 절대적인 차이는 다른 교통수단에 의한 것보다 크다.

③ 2013년에 비해서 2019년 인구 10만 명당 사망자 수가 증가한 교통사고는 C, D, E, F에 의한 것이다.

④ 2019년의 교통수단별 교통사고 사망자 중 C에 의한 사망자 수가 가장 많다.

⑤ 2017년까지 A, B에 의한 교통사고 건수는 점차 감소하는 추세를 보이고 있다.

정답 해설 주어진 자료는 교통수단별 인구 10만 명당 교통사고 사망자 수 변화 추이로 교통사고 건수는 알 수 없다.

정답 21 ⑤ | 22 ⑤

23 자료를 바탕으로 할 때, 보기 중 옳지 않은 것을 모두 고르면?

본인과 자녀의 범죄피해에 대한 두려움

(단위 : %)

응답내용	응답자 \ 범죄피해 대상	본인	아들	딸
전혀 걱정하지 않는다	아버지	13.9	3.4	3.0
	어머니	4.8	2.3	1.7
걱정하지 않는 편이다	아버지	27.3	6.3	2.7
	어머니	11.5	5.7	3.4
그저 그렇다	아버지	31.7	13.2	4.7
	어머니	25.3	8.6	3.8
걱정하는 편이다	아버지	24.7	52.0	52.0
	어머니	53.1	50.4	43.5
매우 걱정한다	아버지	2.4	25.1	37.6
	어머니	5.3	33.0	47.6

※ 해당 문제의 내용 중 '걱정한다'는 표의 '걱정하는 편이다'와 '매우 걱정한다'를 합한 것임

보기

ㄱ. 자녀의 범죄피해에 대해 걱정하는 비율은 아들과 딸 각각에 대해 아버지보다 어머니가 더 높게 나타난다.

ㄴ. 아버지의 경우 어머니와 달리 아들보다 딸의 범죄피해에 대해 걱정하는 비율이 더 높게 나타난다.

ㄷ. 자녀의 범죄피해에 대해 걱정하는 비율에서 아버지와 어머니 간의 차이는 딸에 대해서보다 아들에 대해 더 크게 나타난다.

ㄹ. 본인의 범죄피해에 대해 걱정하는 비율은 아버지가 어머니에 비해 2배 이상이다.

① ㄱ, ㄴ
② ㄴ, ㄹ
③ ㄷ, ㄹ
④ ㄱ, ㄴ, ㄷ
⑤ ㄱ, ㄷ, ㄹ

ㄴ. 딸의 범죄피해에 대해 걱정하는 비율은 어머니 91.1%, 아버지 89.6%, 아들의 범죄피해에 대해 걱정하는 비율은 어머니 83.4%, 아버지 77.1%이다. 아버지, 어머니 모두 딸의 범죄피해에 대해 걱정하는 비율이 더 높다.

ㄹ. 본인의 범죄피해에 대해 걱정하는 비율은 어머니가 58.4%, 아버지 27.1%로 어머니가 아버지의 2배 이상이다.

24 자료를 바탕으로 할 때, 보기 중 옳지 않은 것을 모두 고르면?

자동차 변속기 경쟁력점수의 국가별 비교

(단위 : 점)

부문 \ 국가	A	B	C	D	E
변속감	98	93	102	80	79
내구성	103	109	98	95	93
소음	107	96	106	97	93
경량화	106	94	105	85	95
연비	105	96	103	102	100

※ 각국의 전체 경쟁력점수는 각 부문 경쟁력점수의 총합으로 구함

보기

ㄱ. 내구성 부문에서 경쟁력점수가 가장 높은 국가는 A국이며, 경량화 부문에서 경쟁력 점수가 가장 낮은 국가는 D국이다.

ㄴ. 전체 경쟁력 점수는 E국이 B국보다 더 높다.

ㄷ. 경쟁력점수가 가장 높은 부문과 가장 낮은 부문의 차이가 가장 큰 국가는 C국이고, 가장 작은 국가는 D국이다.

① ㄱ
② ㄴ
③ ㄱ, ㄴ
④ ㄱ, ㄷ
⑤ ㄱ, ㄴ, ㄷ

정답 23 ② | 24 ⑤

ㄱ. 내구성 부문에서 경쟁력점수가 가장 높은 국가는 B국으로 109점이며, 경량화 부문에서 경쟁력점수가 가장 낮은 국가는 D국으로 85점이다.

ㄴ. 전체 경쟁력점수를 살펴보면, A국은 519점, B국은 488점, C국은 514점, D국은 459점, E국은 460점으로 E국이 B국보다 더 낮다.

ㄷ. 경쟁력점수가 가장 높은 부문과 가장 낮은 부문의 차이가 가장 큰 국가는 D국으로 22점이고, 가장 작은 국가는 C국으로 8점이다.

25 자료를 바탕으로 할 때, 보기 중 옳은 것을 모두 고르면?

국가별 여성권한척도

구분	여성권한 척도 국가순위	여성권한 척도				1인당 GDP 국가순위
		국회의원 여성비율 (%)	입법 및 행정관리직 여성비율 (%)	전문기술직 여성비율 (%)	남성대비 여성 추적소득비	
한국	59	13.0	6	39	0.48	27
일본	43	9.3	10	46	0.46	23
미국	10	14.8	46	55	0.62	8
필리핀	46	15.4	58	62	0.59	129

보기

ㄱ. 4개 국가 중에서 GDP 국가순위가 가장 높은 국가가 여성권한척도 국가순위도 가장 높다.

ㄴ. 필리핀은 4개 국가 중 1인당 GDP 국가순위보다 여성권한척도 국가순위가 높은 유일한 국가이다.

ㄷ. 일본은 4개 국가 중 1인당 GDP 국가순위와 여성권한척도 국가순위의 차이가 가장 큰 국가이다.

ㄹ. 4개 국가 중 입법 및 행정관리직 여성비율, 전문기술직 여성비율이 가장 낮은 국가는 한국이다.

① ㄱ
② ㄱ, ㄴ
③ ㄱ, ㄴ, ㄹ
④ ㄴ, ㄷ, ㄹ
⑤ ㄱ, ㄴ, ㄷ, ㄹ

정답해설 ㄷ. 4개 국가 중 1인당 GDP 국가순위와 여성권한척도 국가순위의 차이가 가장 큰 국가는 필리핀이다.

소요시간		채점결과	
목표시간	25분	총 문항수	25문항
실제 소요시간	( )분 ( )초	맞은 문항 수	( )문항
초과시간	( )분 ( )초	틀린 문항 수	( )문항

정답 25 ③

추리능력

Ⅲ 추리능력

1. 언어 추리

기출유형분석

⏰ 문제풀이 시간 : 40초

▶ 다음 제시된 조건을 바탕으로 A, B에 대해 바르게 설명한 것을 고르시오.

[조건]

- 민수, 민철, 민숙, 민희 4남매는 저녁으로 피자, 치킨, 보쌈, 탕수육을 먹고 싶어한다.
- 각자의 선호에 따라 주문할 것이다.
- 민수는 피자와 치킨을 싫어한다.
- 민철은 탕수육을 싫어한다.
- 민숙을 피자를 싫어한다.
- 민희는 보쌈을 원한다.

[결론]

A : 민수는 치킨을 주문할 것이다.

B : 민희는 보쌈을 주문할 것이다.

① A만 옳다. ② B만 옳다.

③ A, B 모두 옳다. ④ A, B 모두 틀렸다.

⑤ A, B 모두 알 수 없다.

정답 해설 ○ : 원함, △ : 보통, × : 싫어함

구분	피자	치킨	보쌈	탕수육
민수	×	×	△	△
민철	△	△	△	×
민숙	×	△	△	△
민희	△	△	○	△

주어진 문장들을 토대로 마지막 문장의 참과 거짓을 가려내는 문제 유형이다.

논리 관계

- **명제** : 판단을 언어로 표현한 것이다. 'p이면 q이다.'라는 형태를 취한다.
- **역** : 명제 'p이면 q이다.'에 대하여 'q이면 p이다.'를 그 명제의 '역'이라고 한다. 명제가 참인 경우, '역'도 반드시 참이라고는 할 수 없다.
- **대우** : 명제 'p이면 q이다.'에 대하여 'q가 아니면 p가 아니다.'를 그 명제의 '대우'라고 한다. 명제가 참인 경우 그 '대우'는 반드시 참이다.
- $p \to q$가 명제인 경우

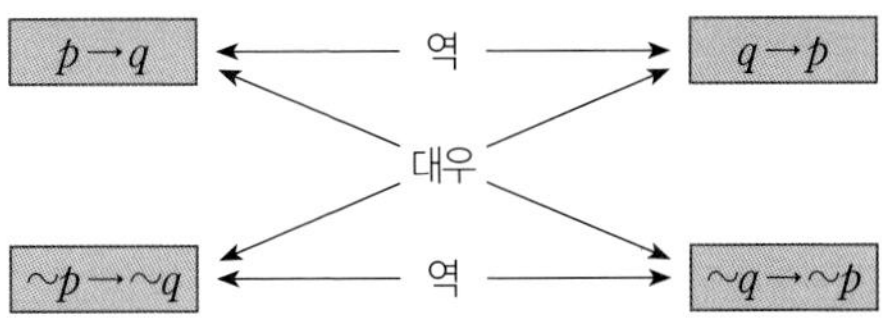

- $p \to q$가 참일 때 반드시 참인 것은 $\sim q \to \sim p$뿐이다.

정답 ②

[01~23] 제시된 조건을 바탕으로 A, B에 대해 바르게 설명한 것을 고르시오.

총 문항 수 : 23문항 | 총 문제풀이 시간 : 15분 20초 | 문항당 문제풀이 시간 : 40초

01

[조건]

• 두꺼비는 개구리보다 무겁다.

• 개구리와 독수리의 무게는 같다.

[결론]

A : 두꺼비는 독수리보다 가볍다.

B : 두꺼비는 독수리보다 무겁다.

① A만 옳다.

② B만 옳다.

③ A, B 모두 옳다.

④ A, B 모두 틀렸다.

⑤ A, B 모두 알 수 없다.

정답 해설 'A가 B보다 무겁다.'를 A＞B로 표시할 때,
두꺼비, 개구리, 독수리의 무게를 정리하면 다음과 같다.
두꺼비＞개구리
개구리＝독수리
따라서 '두꺼비는 독수리보다 무겁다.'라는 B의 말만 옳다.

이 문제 중요!

02

[조건]

- 철수가 기혼자이며, 자녀가 두 명이다.
- 영희는 자녀가 한 명이다.

[결론]

A : 철수와 영희는 부부이다.

B : 철수와 영희는 부부가 아니다.

① A만 옳다.

② B만 옳다.

③ A, B 모두 옳다.

④ A, B 모두 틀렸다.

⑤ A, B 모두 알 수 없다.

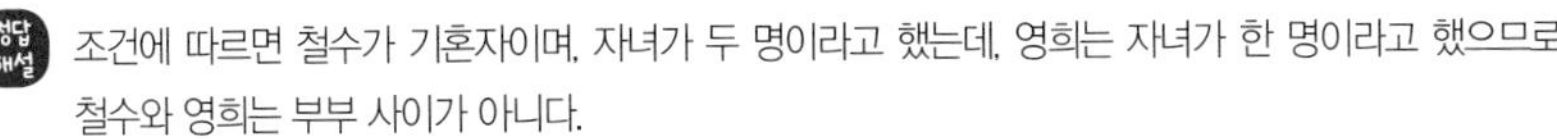

정답 해설 조건에 따르면 철수가 기혼자이며, 자녀가 두 명이라고 했는데, 영희는 자녀가 한 명이라고 했으므로 철수와 영희는 부부 사이가 아니다.

TIP 추론(Inference)

주어진 몇 개의 명제(전제)들로부터 새로운 하나의 명제(결론)를 유도하는 것을 추론이라고 한다. 전제를 구성하는 모든 명제들이 참일 때 결론도 참이면 이 추론은 타당하다고 한다. 반면 전제를 구성하는 모든 명제들이 참임에도 불구하고 결론이 거짓일 때 이 추론은 타당하지 않다고 한다.

이 문제 중요!

03

[조건]

- 나정이의 아버지는 야구 코치이다.
- 나정이의 어머니는 야구 코치이다.

[결론]

A : 나정이는 야구 코치이다.

B : 나정이는 회사원이다.

① A만 옳다.

② B만 옳다.

③ A, B 모두 옳다.

④ A, B 모두 틀렸다.

⑤ A, B 모두 알 수 없다.

정답 해설 나정이의 아버지와 어머니가 야구 코치라는 조건만으로는 나정이의 직업을 파악할 수 없다. 따라서 A와 B의 말은 옳은지 그른지 판단할 수 없다.

04

[조건]

- 모든 갈매기는 과자를 좋아한다.
- 안경을 쓴 ★은 모두 갈매기이다.

[결론]

A : 안경을 쓴 ★은 과자를 좋아한다.

B : 안경을 쓴 ★은 과자를 싫어한다.

① A만 옳다.

② B만 옳다.

③ A, B 모두 옳다.

④ A, B 모두 틀렸다.

⑤ A, B 모두 알 수 없다.

안경을 쓴 ★은 모두 갈매기이다.

↓

모든 갈매기는 과자를 좋아한다.

↓

안경을 쓴 ★은 과자를 좋아한다.

따라서 A만 옳다.

05

[조건]

• 모든 사과는 빨갛다.
• 물렁한 ♧는 사과이다.

[결론]

A : 물렁한 ♧는 초록색이다.
B : 물렁한 ♧는 노란색이다.

① A만 옳다.
② B만 옳다.
③ A, B 모두 옳다.
④ A, B 모두 틀렸다.
⑤ A, B 모두 알 수 없다.

물렁한 ♧는 사과이고, 모든 사과는 빨갛다고 했으므로 물렁한 ♧는 빨갛다.
따라서 A와 B의 말은 모두 옳지 않다.

TIP 논지 전개 방식

- **연역법** : 일반적 사실이나 원리를 전제로 하여 개별적인 특수한 사실이나 원리를 결론으로 이끌어 내는 추리 방법을 이른다. 경험에 의하지 않고 논리상 필연적인 결론을 내게 하는 것으로 삼단논법이 그 대표적인 형식이다.
  예 모든 사람은 잘못을 저지르는 수가 있다. 모든 지도자도 사람이다. 그러므로 지도자도 잘못을 저지르는 수가 있다.
- **귀납법** : 개별적인 특수한 사실이나 원리를 전제로 하여 일반적인 사실이나 원리로 결론을 이끌어 내는 연구 방법을 이른다. 특히 인과관계를 확정하는 데에 사용된다.
  – 일반화 : 사례들을 제시한 후 그를 통해 다른 사례들도 모두 마찬가지라는 결론을 도출한다.
    예 국어는 소리, 의미, 어법의 3요소로 이루어져 있다. 영어도 마찬가지이다. 중국어도 마찬가지이다. 그러므로 모든 언어는 소리, 의미, 어법의 3요소로 이루어져 있다.
  – 유추 : 서로 다른 범주에 속하는 두 대상 간에 존재하는 유사성을 근거로 구체적 속성도 일치할 것이라는 결론을 도출한다.
    예 지구에는 생물이 산다. 화성에는 지구와 마찬가지로 공기, 육지, 물이 있다. 따라서 화성에도 생물이 살 것이다.

이 문제 중요!

06

[조건]

• 사랑이는 가족 중에서 가장 늦게 일어난다.

• 사랑이의 아버지는 언제나 오전 6시에 일어난다.

[결론]

A : 사랑이는 매일 오전 7시에 일어난다.

B : 사랑이는 가족 중에서 가장 늦게 잠자리에 든다.

① A만 옳다.

② B만 옳다.

③ A, B 모두 옳다.

④ A, B 모두 틀렸다.

⑤ A, B 모두 알 수 없다.

정답 해설 주어진 조건만으로는 사랑이가 일어나는 시간과 가족 중 사랑이가 잠자리에 드는 순서를 알 수 없다. 따라서 A와 B의 말은 옳은지 그른지 판단할 수 없다.

정답 05 ④ | 06 ⑤

07

[조건]

- 성모는 영수보다 어리다.
- 영수는 길수보다 어리다.

[결론]

A : 성모는 길수보다 어리다.

B : 성모, 영수, 길수 중 길수의 나이가 가장 많다.

① A만 옳다.

② B만 옳다.

③ A, B 모두 옳다.

④ A, B 모두 틀렸다.

⑤ A, B 모두 알 수 없다.

 제시된 조건을 통해 길수, 영수, 성모 순으로 나이가 많음을 알 수 있다.

나이

[많다] 길수 > 영수 > 성모 [적다]

따라서 A와 B의 말은 모두 옳다.

이 문제 중요!

08

[조건]

- 민지의 수학 점수는 윤지의 점수보다 15점이 낮다.
- 수지의 수학 점수는 민지의 수학 점수보다 5점이 높다.

[결론]

A : 민지, 윤지, 수지 중 윤지의 수학 점수가 가장 높다.

B : 민지, 윤지, 수지 중 수지의 수학 점수가 가장 낮다.

① A만 옳다.

② B만 옳다.

③ A, B 모두 옳다.

④ A, B 모두 틀렸다.

⑤ A, B 모두 알 수 없다.

정답 해설 세 사람의 수학 점수를 정리하면 다음과 같다.

- 민지의 점수+15(점)=윤지의 점수
- 민지의 점수+5(점)=수지의 점수

이를 통해서 윤지, 수지, 민지의 순서로 수학 점수가 높음을 알 수 있다.

따라서 A의 말만 옳다.

이 문제 중요!

09

[조건]

- 악어는 뱀보다 예쁘다.
- 악어는 물개보다 예쁘지 않다.

[결론]

A : 물개는 뱀보다 예쁘다.

B : 악어, 뱀, 물개 가운데 누가 더 예쁜지 알 수 없다.

① A만 옳다.

② B만 옳다.

③ A, B 모두 옳다.

④ A, B 모두 틀렸다.

⑤ A, B 모두 알 수 없다.

정답 해설 주어진 조건에 따르면 '물개, 악어, 뱀' 순서로 예쁘다는 것을 알 수 있다. 따라서 A의 말만 옳다.

10

[조건]

- 모든 주부는 요리하는 것을 좋아한다.
- 미란이는 요리하는 것을 좋아하지 않는다.

[결론]

A : 미란이는 선생님이다.

B : 미란이는 회사원이다.

① A만 옳다.

② B만 옳다.

③ A, B 모두 옳다.

④ A, B 모두 틀렸다.

⑤ A, B 모두 알 수 없다.

주어진 조건으로 알 수 있는 것은 미란이가 주부가 아니라는 사실뿐이며, 미란이의 직업을 알 수 없다. 따라서 A와 B의 말은 옳은지 그른지 판단할 수 없다.

문장추리 문제 풀이 시 유의점

- 모든 A는 모든 B이다.
- 모든 B는 모든 C이다.
  → 모든 A는 모든 C이다.
- A는 B이다.
- A는 C이다.
  → 모든 B는 모든 C라고 할 수는 없다.

이 문제 중요!

11

[조건]

- C사의 모든 근로자들은 반드시 사내식당에서 아침을 먹는다.
- 사내식당의 아침 메뉴는 된장찌개 아니면 김치찌개이다.
- 사내식당의 오늘 아침 메뉴는 된장찌개가 아니다.

[결론]

A : C사의 인턴인 도희는 오늘 아침 김치찌개를 먹었다.

B : C사의 대리인 성균이는 오늘 아침 된장찌개를 먹었다.

① A만 옳다.

② B만 옳다.

③ A, B 모두 옳다.

④ A, B 모두 틀렸다.

⑤ A, B 모두 알 수 없다.

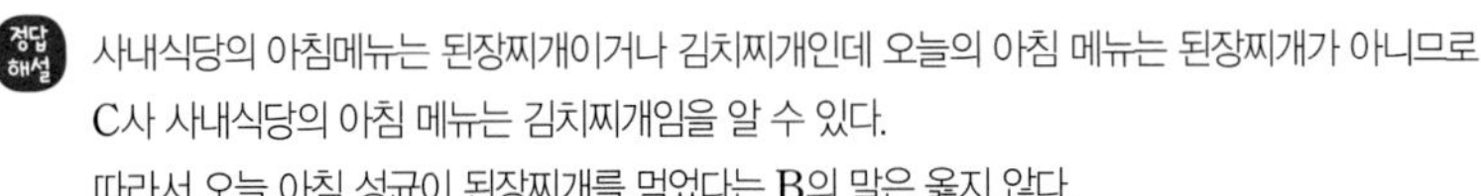

정답 해설 사내식당의 아침메뉴는 된장찌개이거나 김치찌개인데 오늘의 아침 메뉴는 된장찌개가 아니므로 C사 사내식당의 아침 메뉴는 김치찌개임을 알 수 있다.
따라서 오늘 아침 성균이 된장찌개를 먹었다는 B의 말은 옳지 않다.

12

[조건]

- 어떤 침팬지는 천재이다.
- 모든 천재는 바나나를 좋아한다.
- 현민이는 천재이다.

[결론]

A : 현민이는 바나나를 좋아한다.

B : 현민이는 바나나를 좋아하지 않는다.

① A만 옳다.

② B만 옳다.

③ A, B 모두 옳다.

④ A, B 모두 틀렸다.

⑤ A, B 모두 알 수 없다.

세 번째 조건에서 '현민이는 천재이다.'라고 했고, 두 번째 조건에서는 '모든 천재는 바나나를 좋아한다.'라고 했으므로 '현민이는 바나나를 좋아한다.'라는 A의 말은 옳다.

TIP '모든 x' 또는 '어떤 x'의 참 · 거짓

- 모든 x에 대하여
  - 한 개의 예외도 없이 성립하면 참
  - 성립하지 않는 예가 있으면 거짓
- 어떤 x에 대하여
  - 한 개라도 성립하면 참
  - 모든 x에 대하여 성립하지 않으면 거짓

정답 11 ① | 12 ①

13

[조건]

- 甲은 생일날 7개의 선물을 받았다.
- 乙은 생일날 11개의 선물을 받았다.
- 丙이 생일날 받은 선물 수는 甲과 乙이 받은 선물의 평균 개수와 같다.

[결론]

A : 丙은 생일 때 8개의 선물을 받았다.

B : 丙은 생일 때 10개 미만의 선물을 받았다.

① A만 옳다.

② B만 옳다.

③ A, B 모두 옳다.

④ A, B 모두 틀렸다.

⑤ A, B 모두 알 수 없다.

정답 해설

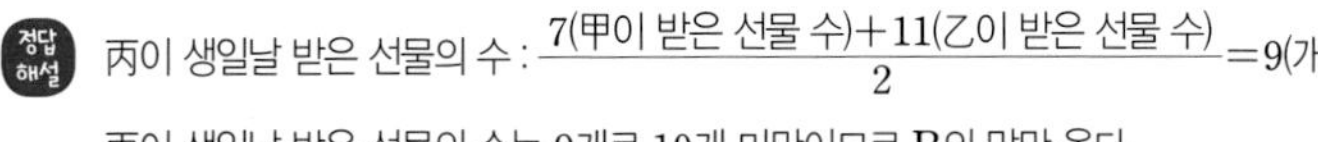

丙이 생일날 받은 선물의 수 : $\frac{7(\text{甲이 받은 선물 수})+11(\text{乙이 받은 선물 수})}{2}=9$(개)

丙이 생일날 받은 선물의 수는 9개로 10개 미만이므로 B의 말만 옳다.

14

[조건]

- A, B, C, D가 벤치에 일렬로 앉는다고 할 때, A의 왼쪽에는 B가 앉는다.
- B의 왼쪽에는 D가 앉아 있다.
- C의 오른쪽에는 D가 앉아 있다.

[결론]

A : 벤치의 오른쪽 끝에 앉은 사람은 A이다.

B : C와 A 사이에는 두 사람이 앉는다.

① A만 옳다.

② B만 옳다.

③ A, B 모두 옳다.

④ A, B 모두 틀렸다.

⑤ A, B 모두 알 수 없다.

A~D가 벤치에 앉는 순서는 다음과 같다.

앞

왼쪽 C – D – B – A 오른쪽

뒤

따라서 A와 B의 말은 모두 옳다.

정답 13 ② | 14 ③

15

[조건]

- 농구선수가 야구선수보다 손이 크다.
- 배구선수는 농구선수보다 손이 크다.
- 역도선수는 야구선수보다 손이 작다.

[결론]

A : 농구선수의 손이 가장 크다.

B : 야구선수의 손이 가장 작다.

① A만 옳다.

② B만 옳다.

③ A, B 모두 옳다.

④ A, B 모두 틀렸다.

⑤ A, B 모두 알 수 없다.

정답 해설 주어진 조건에 따라 정리하면 '배구선수, 농구선수, 야구선수, 역도선수' 순으로 손이 크다. 따라서 손이 가장 큰 것은 배구선수이며, 손이 가장 작은 것은 역도선수이다.
따라서 A와 B의 말은 모두 옳지 않다.

16

[조건]

- 책을 많이 읽는 사람은 감수성이 풍부하다.
- 감수성이 풍부한 사람은 발라드를 즐겨 듣는다.
- 20대 여성들은 모두 발라드를 즐겨 듣는다.

[결론]

A : 책을 가장 많이 읽는 독자층은 20대 여성이다.

B : 10대 여성들은 댄스 음악을 즐겨 듣는다.

① A만 옳다.

② B만 옳다.

③ A, B 모두 옳다.

④ A, B 모두 틀렸다.

⑤ A, B 모두 알 수 없다.

정답 해설 제시된 조건을 정리하면 다음과 같다.

- 책을 많이 읽는 사람 → 감수성이 풍부한 사람 → 발라드를 즐겨 듣는 사람
- 20대 여성들 → 발라드를 즐겨 들음

따라서 A와 B의 말은 주어진 조건만으로는 판단할 수 없다.

정답 15 ④ | 16 ⑤

17

[조건]

- 송이가 승진하였다면 민준도 같이 승진하였다.
- 세미와 휘경 중에서 한 사람만 승진하였다.
- 송이, 세미, 민준, 휘경 중 적어도 2명은 승진하였다.

[결론]

A : 송이는 승진하였다.

B : 민준은 승진하였다.

① A만 옳다.

② B만 옳다.

③ A, B 모두 옳다.

④ A, B 모두 틀렸다.

⑤ A, B 모두 알 수 없다.

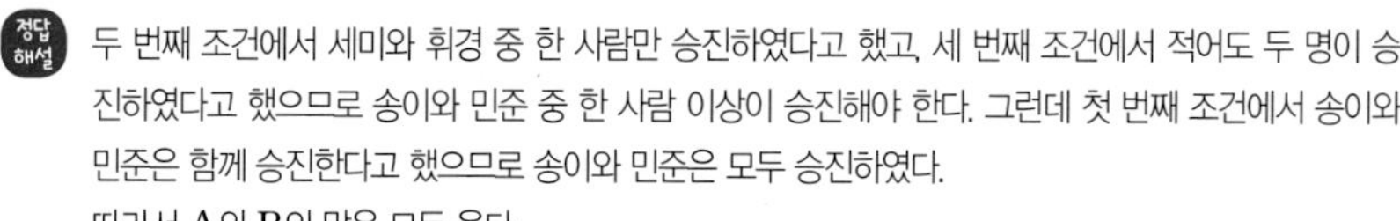

정답 해설 두 번째 조건에서 세미와 휘경 중 한 사람만 승진하였다고 했고, 세 번째 조건에서 적어도 두 명이 승진하였다고 했으므로 송이와 민준 중 한 사람 이상이 승진해야 한다. 그런데 첫 번째 조건에서 송이와 민준은 함께 승진한다고 했으므로 송이와 민준은 모두 승진하였다.
따라서 A와 B의 말은 모두 옳다.

18

[조건]

• 어린이를 좋아하는 사람은 동물을 좋아한다.

• 산을 좋아하는 사람은 나무를 좋아하며 꽃을 좋아한다.

• 꽃을 좋아하는 사람은 어린이를 좋아한다.

[결론]

A : 나무를 좋아하는 사람은 산을 좋아한다.

B : 꽃을 좋아하는 사람은 나비를 좋아한다.

① A만 옳다.

② B만 옳다.

③ A, B 모두 옳다.

④ A, B 모두 틀렸다.

⑤ A, B 모두 알 수 없다.

정답 해설 제시된 조건들을 정리하면 다음과 같다.

산을 좋아함 → 나무를 좋아함

꽃을 좋아함 → 어린이를 좋아함 → 동물을 좋아함

제시된 조건만으로는 나무를 좋아하는 사람이 산을 좋아하는지, 꽃을 좋아하는 사람이 나비를 좋아하는지 알 수 없다.

따라서 A와 B의 말은 모두 알 수 없다.

정답 17 ③ | 18 ⑤

19

[조건]

- 물개를 좋아하는 사람은 하마도 좋아한다.
- 하마를 좋아하지 않는 사람은 악어도 좋아하지 않는다.
- 악어를 좋아하지 않는 사람은 물소도 좋아하지 않는다.

[결론]

A : 하마를 좋아하지 않는 사람은 물소도 좋아하지 않는다.

B : 악어를 좋아하는 사람은 하마를 좋아한다.

① A만 옳다.

② B만 옳다.

③ A, B 모두 옳다.

④ A, B 모두 틀렸다.

⑤ A, B 모두 알 수 없다.

정답 해설 조건들을 정리하면 다음과 같다.

하마를 좋아하지 않음 → 악어를 좋아하지 않음 → 물소를 좋아하지 않음

'하마를 좋아하지 않음(p) → 악어를 좋아하지 않음(q)'이 참이므로

그 대우인 '악어를 좋아함($\sim q$) → 하마를 좋아함($\sim p$)' 역시 참이 된다.

따라서 A와 B의 말은 모두 옳다.

이 문제 중요!

20 J사의 임원단은 A, B, C, D, E, F 총 6명이다. 이번 달 실시된 임원회의에 E는 병가중이라 참석하지 못했고, 4명의 임원만이 참석했다. 아래 제시된 조건에 따를 때 임원회의에 참석한 사람을 모두 고른 것은?

[조건]

- A와 B 중에서 한 명이 참석하였다.
- D와 E 중에서 한 명이 참석하였다.
- 만일 C가 참석하지 않았다면 D도 참석하지 않았다.
- 만일 B가 참석하지 않았다면 F도 참석하지 않았다.

① A, B, C, D ② A, B, C, F
③ A, C, D, F ④ B, C, D, E
⑤ B, C, D, F

- E가 병가로 참석하지 못했으므로 두 번째 조건에 따라 D는 참석하였음을 알 수 있다.
- 세 번째 조건의 대우(D가 참석하였다면 C도 참석하였다.)도 성립하므로 C도 참석하였다.
- 네 번째 조건에 따라 B가 참석하지 않은 경우 F도 참석하지 않았는데 이 경우 최대 참석자는 3명(A, C, D)이 되어 문제의 조건에 맞지 않는다. → B가 참석했고, F도 참석했음을 알 수 있다.
- B가 참석했으므로 첫 번째 조건에 따라 A는 참석하지 않았음을 알 수 있다.

따라서 B, C, D, F가 임원회의에 참석하였다.

21 **지아는 금고의 비밀번호 네 자리를 기억해 내려고 한다. 비밀번호에 대한 단서가 다음과 같을 때, 사실이 아닌 것은?**

[단서]

- 비밀번호를 구성하고 있는 어떤 숫자도 소수(素數)가 아니다.
- 6과 8 중 한 숫자만 비밀번호에 해당한다.
- 비밀번호는 짝수로 시작한다.
- 비밀번호는 큰 수부터 작은 수 순서로 나열되어 있다.
- 같은 숫자는 두 번 이상 포함되지 않는다.

① 비밀번호는 짝수이다.

② 비밀번호의 앞에서 두 번째 숫자는 4이다.

③ 비밀번호는 1을 포함하지만 9는 포함하지 않는다.

④ 제시된 모든 단서를 만족시키는 비밀번호는 세 가지이다.

⑤ 제시된 모든 단서를 만족시키는 비밀번호에는 0이 반드시 포함된다.

정답 해설 단서를 정리해보면 다음과 같다.

- 첫 번째 조건에 따라 비밀번호에 소수(2, 3, 5, 7)는 포함되지 않으므로 비밀번호를 구성하는 숫자는 0, 1, 4, 6, 8, 9이다.
- 세 번째 조건과 네 번째 조건에서 비밀번호를 구성하는 숫자에서 9가 제외된다는 것을 알 수 있다. 따라서 0, 1, 4, 6, 8이 비밀번호를 구성하는 숫자가 된다.
- 다섯 번째 조건에 따라 모든 숫자가 한 번씩만 사용된다는 것을 알 수 있다.
- 두 번째 조건에서 6이나 8은 하나만 들어간다고 했으므로 가능한 비밀번호는 '8410' 또는 '6410' 두 가지이다.

TIP **소수(素數)**

1과 그 자신 이외의 자연수로는 나눌 수 없는 자연수를 뜻한다.

예 2, 3, 5, 7…

이 문제 중요!

22 게임을 하기 위해 A, B, C, D, E, F, G, H, I는 세 명씩 세 팀으로 편을 나누려고 한다. 다음 조건을 만족시키는 경우 팀을 바르게 연결한 것은?

[조건]

- A와 B는 같은 팀이 될 수 없다.
- E는 G와 같은 팀이 될 수 없다.
- F와 G는 같은 팀이어야 하며, B와 같은 팀이 될 수 없다.
- D와 H는 같은 팀이어야 한다.
- C는 I와 같은 팀이어야 하며, B와 같은 팀이 될 수 없다.

① A, C, E
② B, E, I
③ C, D, H
④ A, F, G
⑤ E, I, H

Part I
Part II
Part III
Part IV

- 첫 번째 조건에 의해 (A, ?, ?), (B, ?, ?), (?, ?, ?)으로 나누어진다.
- 세 번째와 네 번째, 다섯 번째 조건에 따라 (A, ?, ?), (B, D, H), (?, ?, ?)으로 나누어진다는 것을 알 수 있다.
- C와 I가 같은 팀이 되고, F와 G가 같은 팀이 되면서 두 번째 조건을 만족시키려면 (A, F, G), (B, D, H), (C, E, I)로 팀이 나누어진다.

23 지상 5층짜리 건물에 A, B, C, D, E의 5개의 상가가 들어서려고 한다. 다음 조건에 따라 한 층에 하나의 상가만이 들어설 수 있다. 주어진 조건을 만족시켰을 때 반드시 참인 것은?

[조건]

- B는 A의 바로 위층에 위치한다.
- C는 반드시 4층에 위치한다.
- D, E는 서로 인접한 층에 위치할 수 없다.

① A는 5층에 위치한다.
② D는 1층에 위치할 수 없다.
③ B는 D보다 아래층에 위치한다.
④ B는 2층 또는 3층에 위치한다.
⑤ E는 A보다 무조건 위층에 위치한다.

정답 해설 제시된 조건에 따라 정리하면 다음과 같다.

5층	E	D	E	D
4층	C	C	C	C
3층	D	E	B	B
2층	B	B	A	A
1층	A	A	D	E

① A는 1층 또는 2층에 위치한다.
② D는 1층에 위치할 수 있다.
③ B가 D보다 위층에 위치하는 경우가 존재한다.
⑤ E가 A보다 아래층에 위치하는 경우가 존재한다.

소요시간		채점결과	
목표시간	15분 20초	총 문항수	23문항
실제 소요시간	( )분 ( )초	맞은 문항 수	( )문항
초과시간	( )분 ( )초	틀린 문항 수	( )문항

2. 도식 추리

기출유형분석

⏰ 문제풀이 시간 : 1분

▶ 모든 음표는 계이름과 박자로 구성되어 있고 다음에 주어진 조건에 따라 계이름과 박자가 변화한다. 주어진 음표가 변할 때, (?)에 들어갈 알맞은 모양을 고르시오.

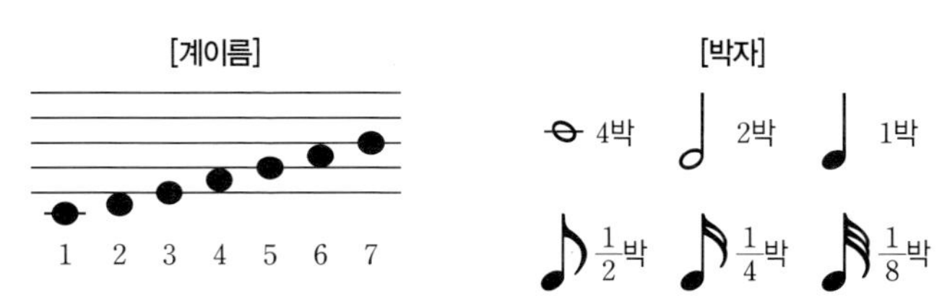

[변환규칙]

♯N 모든 음표의 계이름을 N칸씩 올림 (단, 7을 넘어가면 1에서 시작)

♭N 모든 음표의 계이름을 N칸씩 내림 (단, 7을 넘어가면 1에서 시작)

(N, 위쪽 음영) 모든 음표의 박자를 $\frac{1}{N}$배 (단, $\frac{1}{8}$박을 넘어가면 4박에서 시작)

(N, 아래쪽 음영) 모든 음표의 박자를 N배 (단, 4박을 넘어가면 $\frac{1}{8}$박에서 시작)

(N, 음영 원) 모든 음표의 계이름 성분은 유지한 채 박자만 오른쪽으로 N칸씩 이동 (단, 오른쪽 끝을 넘어가면 왼쪽 끝에서 시작)

(N, 흰 원) 모든 음표의 박자 성분은 유지한 채 계이름만 오른쪽으로 N칸씩 이동 (단, 오른쪽 끝을 넘어가면 왼쪽 끝에서 시작)

↻ 가운데 기준으로 음표 좌우 대칭 변환

[비교규칙]

(N, 음영 사각형) N번째 음표의 박자와 비교

(N, 흰 사각형) N번째 음표의 계이름과 비교

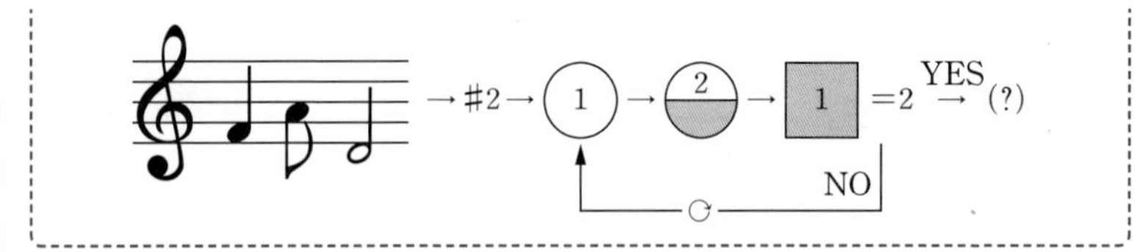

①

②

③

④

⑤

정답 해설 다음과 같은 과정을 거친다.

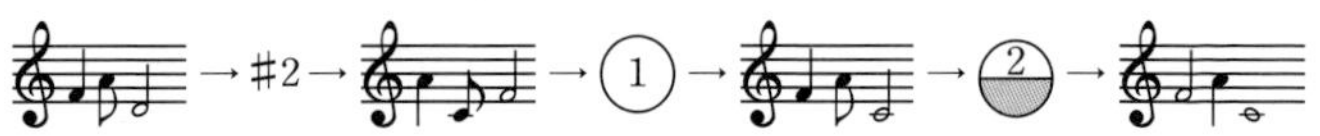

정답 ①

[01~02] 기출유형분석의 주어진 조건에 따라 보기의 음표가 변할 때, (?)에 들어갈 알맞은 모양을 고르시오.

총 문항 수 : 2문항 | 총 문제풀이 시간 : 2분 | 문항당 문제풀이 시간 : 1분

01

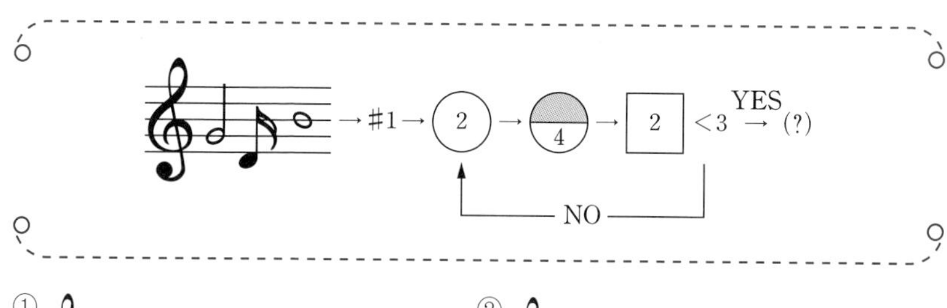

① 

② 

③ 

④ 

⑤ 

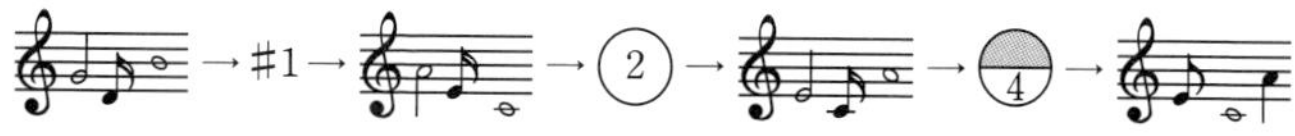

정답 01 ②

02

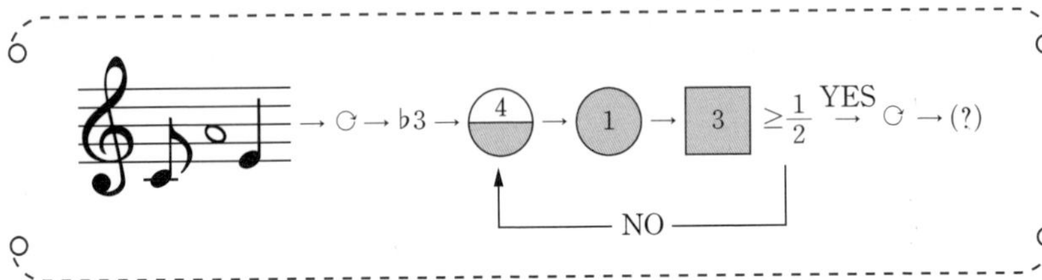

① 

② 

③ 

④ 

⑤ 

정답 해설 다음과 같은 과정을 거친다.

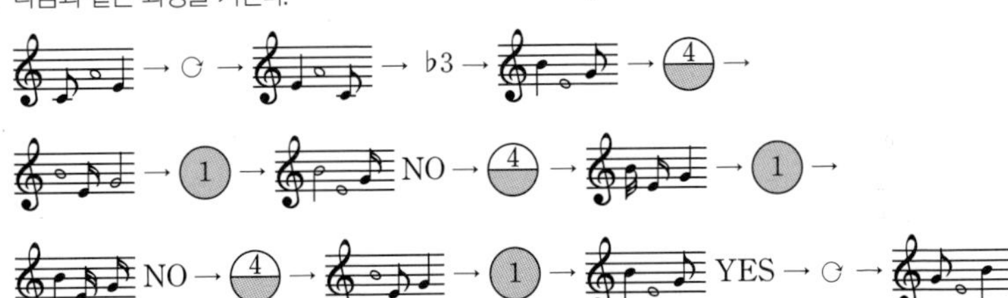

[03~04] 다음 제시된 규칙에 따라 변환할 때, 마지막에 나올 수 있는 모양으로 적절한 것을 고르시오.

총 문항 수 : 2문항 | 총 문제풀이 시간 : 2분 | 문항당 문제풀이 시간 : 50초~1분

[규칙]

P⊠Q : P행과 Q행 바꾸기　　P⊠Q : P열과 Q열 바꾸기

↻ : 시계 방향으로 90° 회전　　↺ : 반시계 방향으로 90° 회전

⊙ : 좌우반전　　◈ : 상하반전

〓 : 색 반전

03

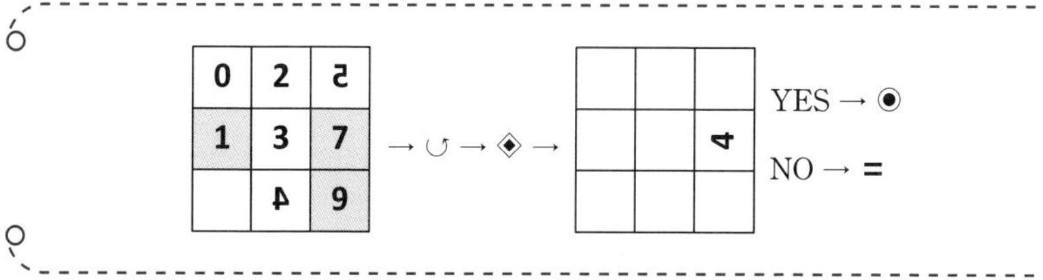

①

5	7	9
2	3	4
0	1	

②

	1	0
4	3	2
9	7	5

③

0	1	
2	3	4
5	7	9

④

	1	0
4	3	2
9	7	5

⑤

	1	0
4	3	5
6	7	2

정답 해설 다음과 같은 과정을 거친다.

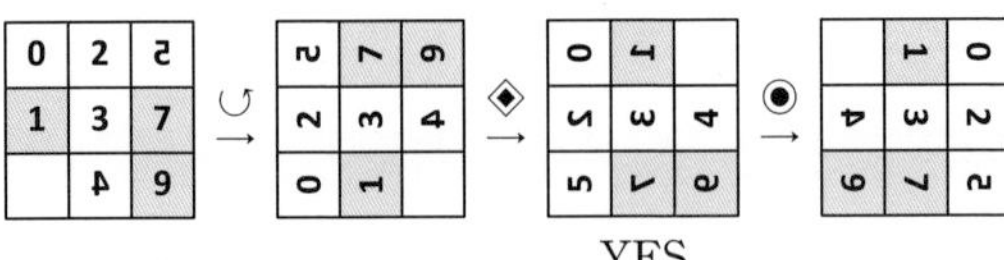

04

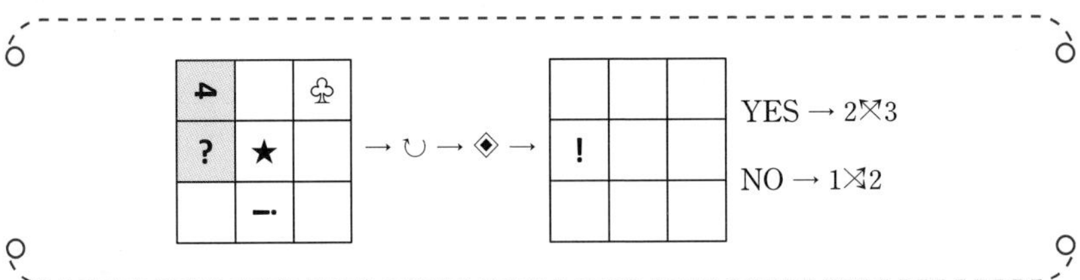

①

		♧
¡	★	
	¿	4

② 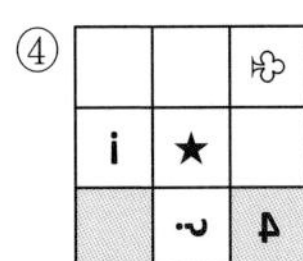

③

		♧
★	!	
¿		4

④

		♧
¡	★	
	¿	4

⑤

		♧
★	¡	
¿		4

정답 해설 다음과 같은 과정을 거친다.

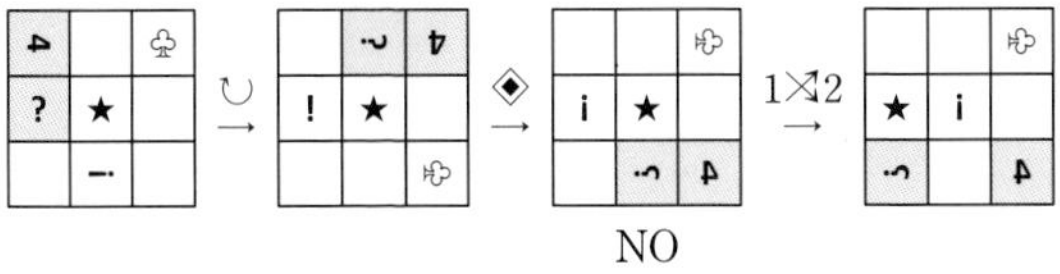

NO

[05~07] 다음 제시된 [규칙]과 [조건]에 따라 변환할 때, 마지막에 나올 수 있는 모양으로 적절한 것을 고르시오.

총 문항 수 : 3문항 | 총 문제풀이 시간 : 3분 | 문항당 문제풀이 시간 : 50초~1분

[규칙]

A : 1행을 3행에 복사해서 붙여 넣는다.

B : 1열을 3열에 복사해서 붙여 넣는다.

C : 1열과 3열을 교환한다.

D : 가운데를 중심으로 시계방향으로 한 칸씩 이동한다.(가운데 칸은 움직이지 않는다.)

[조건]

⊞ : 시작 도형과 색이 같은가?

⊠ : 시작 도형과 모양이 같은가?

정답 04 ⑤

05

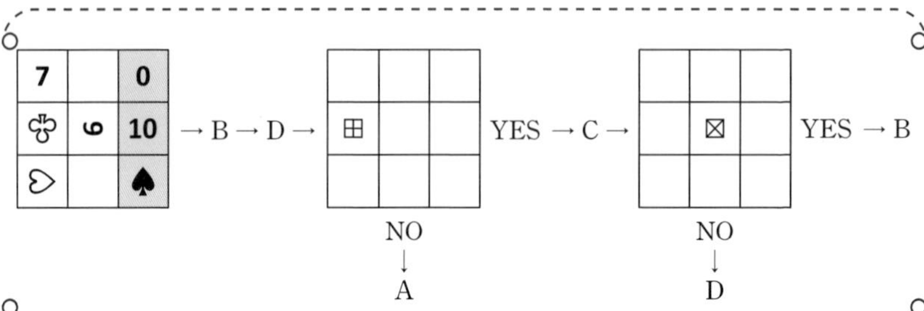

①

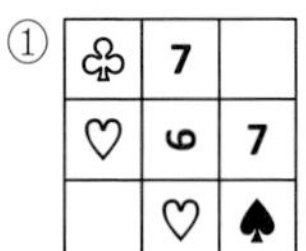

②

7		7
♧	6	♧
♡		♡

③

	7	
7	6	7
♧	♡	♧

④

7		7
♧	9	♧
♡		♡

⑤

	7	
	6	7
♧	♡	♧

정답 해설 다음과 같은 과정을 거친다.

7		0
♧	6	10
♡		♠

B →

7		7
♧	6	♧
♡		♡

D →

♧	7	
♡	6	7
	♡	♧

YES

C →

	7	♧
7	6	♡
♧	♡	

YES

B →

	7	
7	6	7
♧	♡	♧

06

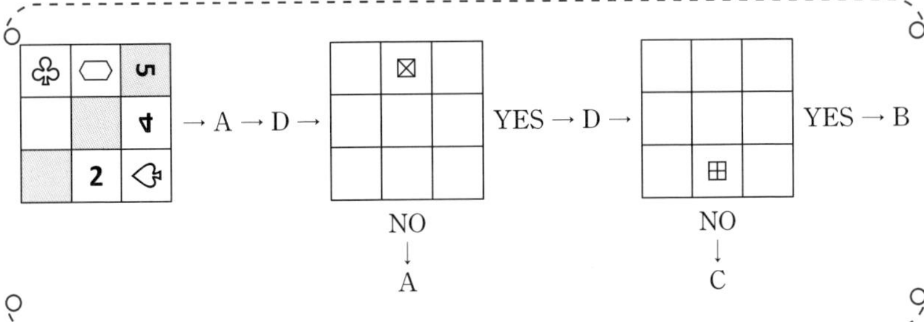

①
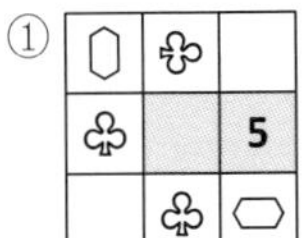

②

③
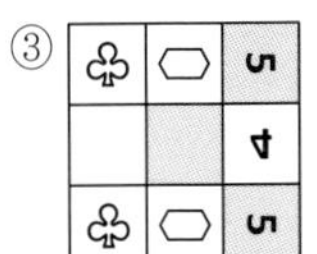

④
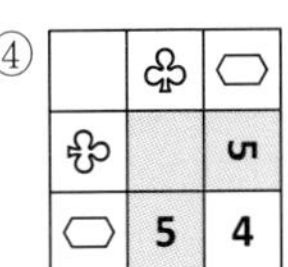

⑤
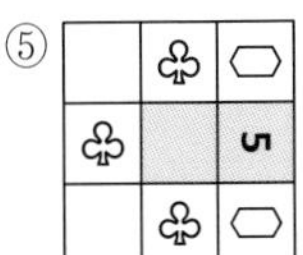

정답 해설 다음과 같은 과정을 거친다.

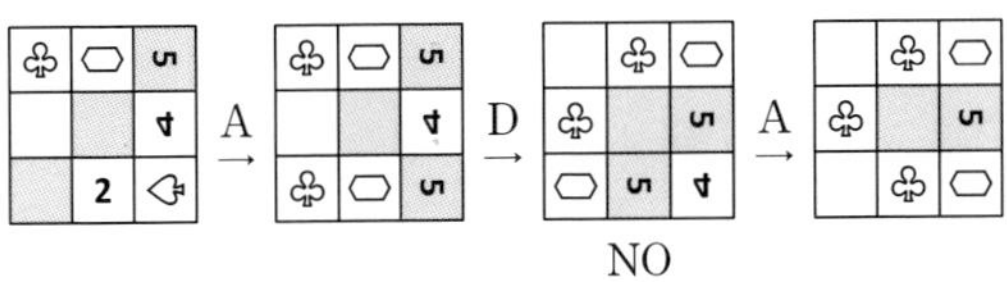

07

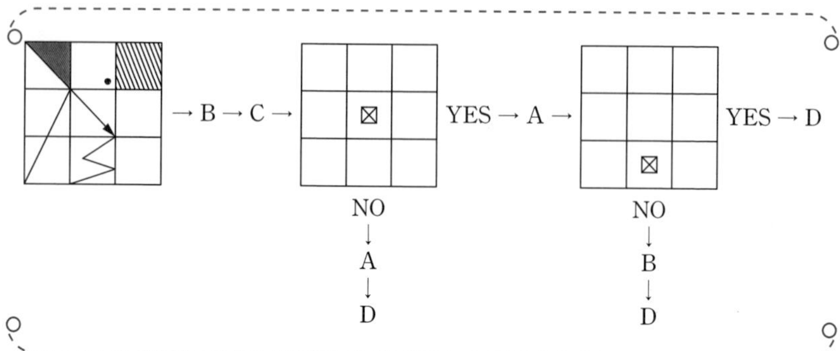

①
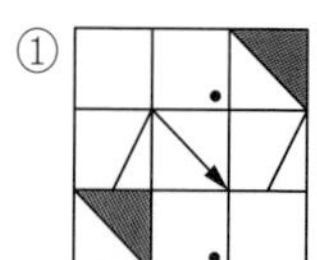

②
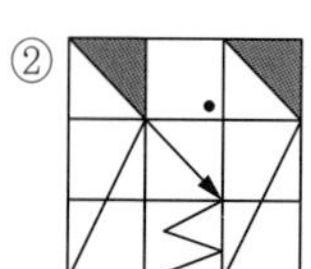

③
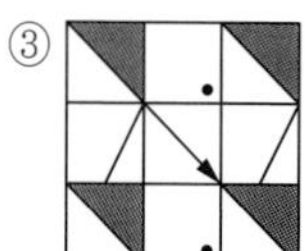

④
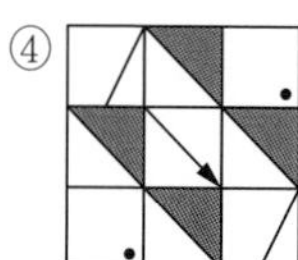

⑤
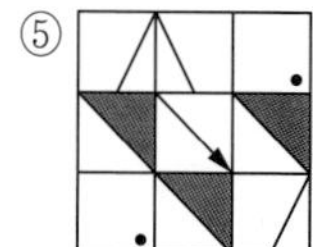

정답 해설 다음과 같은 과정을 거친다.

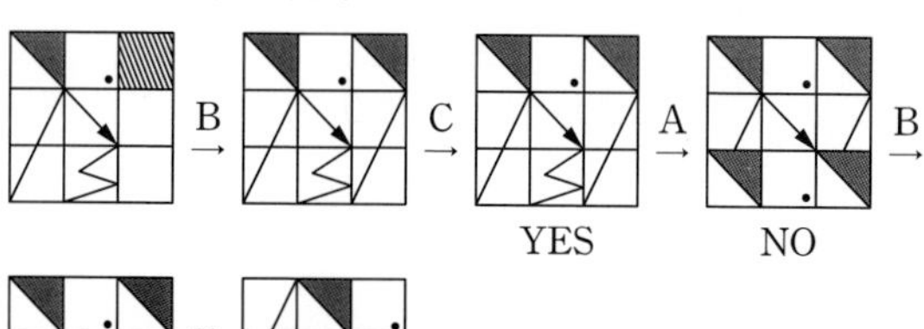

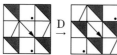

[08~11] 주어진 조건에 따라 변환했을 때, 물음표에 들어갈 알맞은 수를 고르시오.

총 문항 수 : 4문항 | 총 문제풀이 시간 : 6분 | 문항당 문제풀이 시간 : 1분 30초

(기호) : 표시한 자리에 있는 문자 위치 바꾸기

(기호) : 표시된 숫자만큼 시계 방향으로 회전

(기호) : 표시된 숫자만큼 반시계 방향으로 회전

(기호) : 색칠한 칸에 있는 문자를 수로 바꾸어 더하기

(기호) : 색칠되지 않은 칸에 있는 문자를 수로 바꾸어 곱하기

(기호) : 순서도의 결과값이 해당 수보다 큰지 판단하는 기호

(기호) : 순서도의 결과값이 해당 수보다 작은지 판단하는 기호

A	B	C	D	E	F	G	H	I	J	K	L	M
1	2	3	4	5	6	7	8	9	10	11	12	13
N	O	P	Q	R	S	T	U	V	W	X	Y	Z
14	15	16	17	18	19	20	21	22	23	24	25	26

08

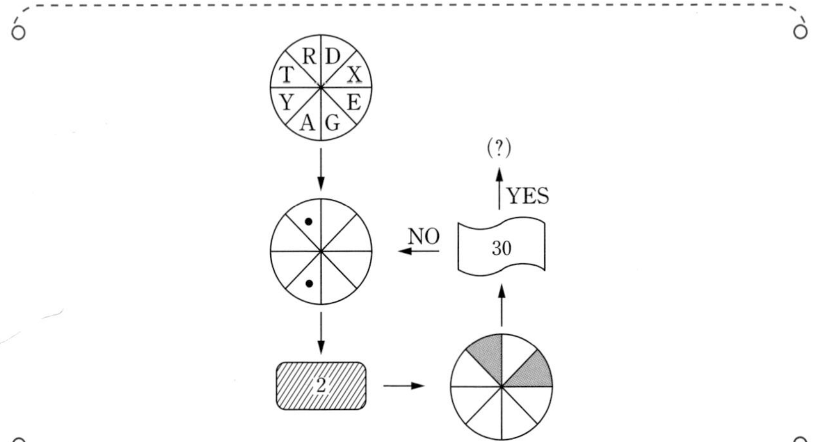

① 31
② 32
③ 33
④ 34
⑤ 35

정답 해설 다음과 같은 과정을 거친다.

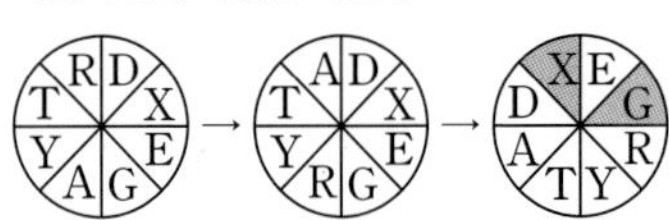

이때 표시된 위치의 두 문자를 수로 변환시켜 더하면

X(24)+G(7)=31

30보다 크다는 조건을 만족한다.

∴ 31

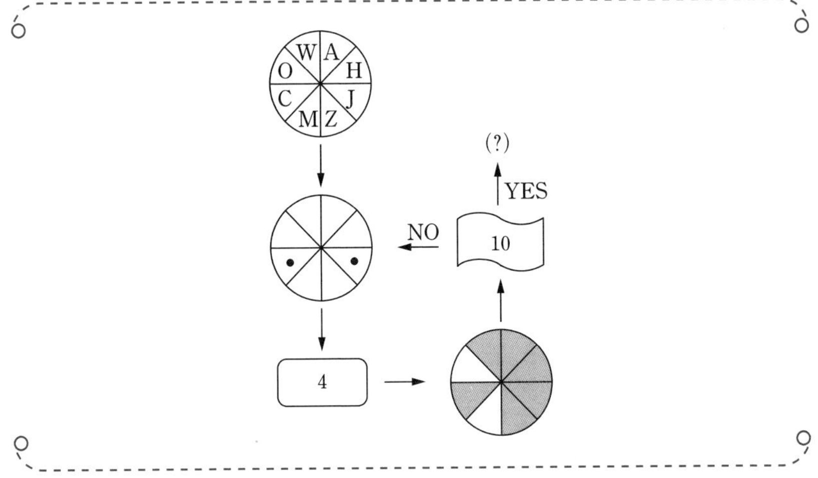

① 9
② 7
③ 5
④ 3
⑤ 1

정답 해설 다음과 같은 과정을 거친다.

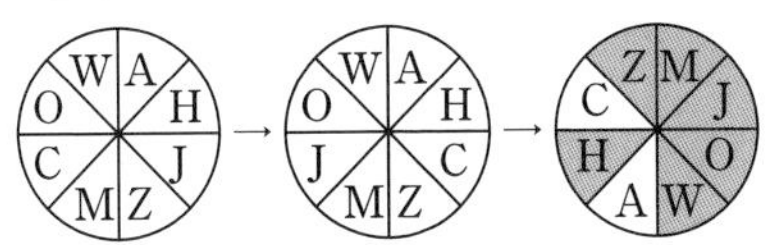

이때 표시된 위치의 두 문자를 수로 변환시켜 곱하면

$A(1) \times C(3) = 3$

10보다 작다는 조건을 만족한다.

$\therefore 3$

Part I
Part II
Part III
Part IV

10

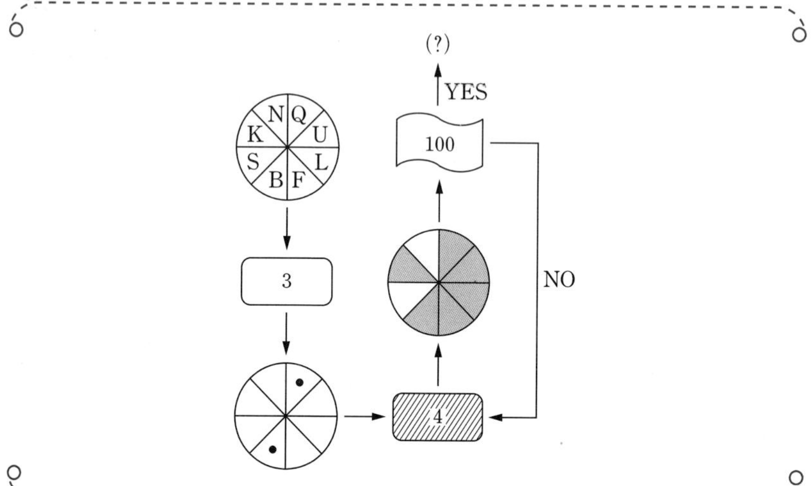

① 12
② 24
③ 36
④ 48
⑤ 60

다음과 같은 과정을 거친다.

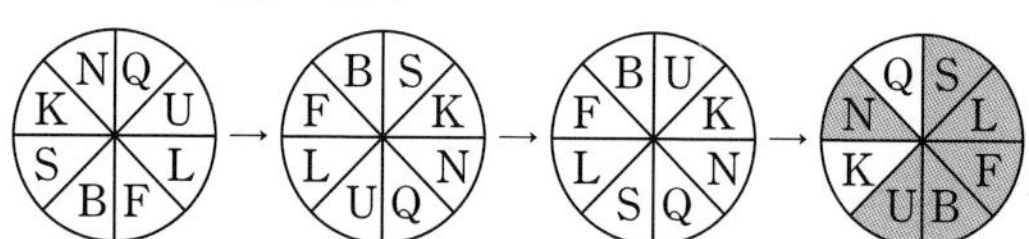

이때 표시된 위치의 두 문자를 수로 변환시켜 곱하면

K(11)×Q(17)=187

100보다 작다는 조건을 만족하지 않는다.

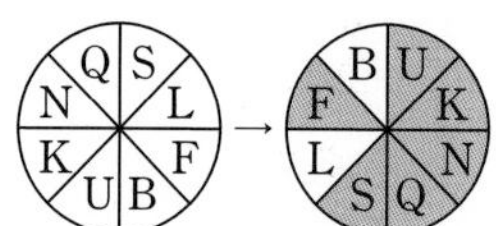

이때 표시된 위치의 두 문자를 수로 변환시켜 곱하면

L(12)×B(2)=24

100보다 작다는 조건을 만족한다.

∴ 24

11

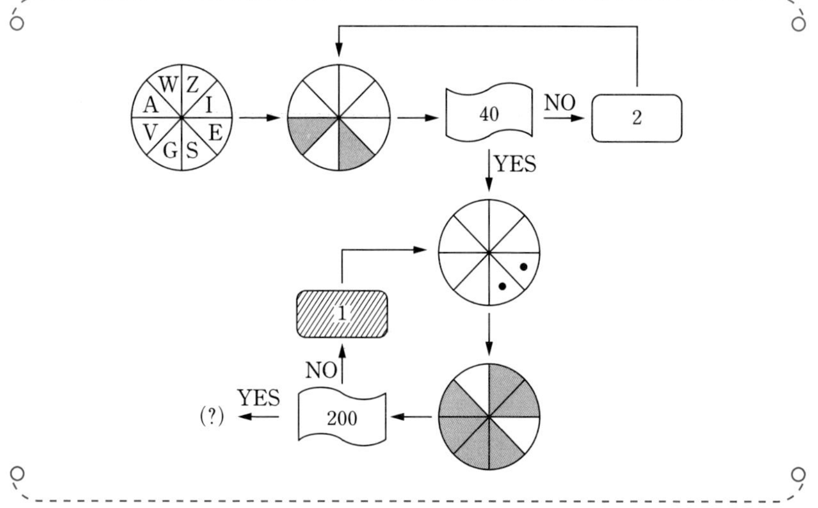

① 178　② 180

③ 182　④ 184

⑤ 186

다음과 같은 과정을 거친다.

표시된 위치의 두 문자를 수로 변환시켜 더하면

S(19)+V(22)=41

40보다 크다는 조건을 만족한다.

표시된 위치의 두 문자를 수로 변환시켜 곱하면

$S(19) \times W(23) = 437$

200보다 작다는 조건을 만족하지 않는다.

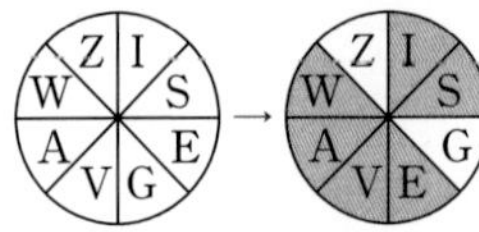

표시된 위치의 두 문자를 수로 변환시켜 곱하면

$G(7) \times Z(26) = 182$

200보다 작다는 조건을 만족한다.

$\therefore$ 182

소요시간		채점결과	
목표시간	13분	총 문항수	11문항
실제 소요시간	( )분 ( )초	맞은 문항 수	( )문항
초과시간	( )분 ( )초	틀린 문항 수	( )문항

공간지각

Ⅳ 공간지각

* 영역의 특성상 해설이 제공되지 않을 수 있습니다.

1. 전개도

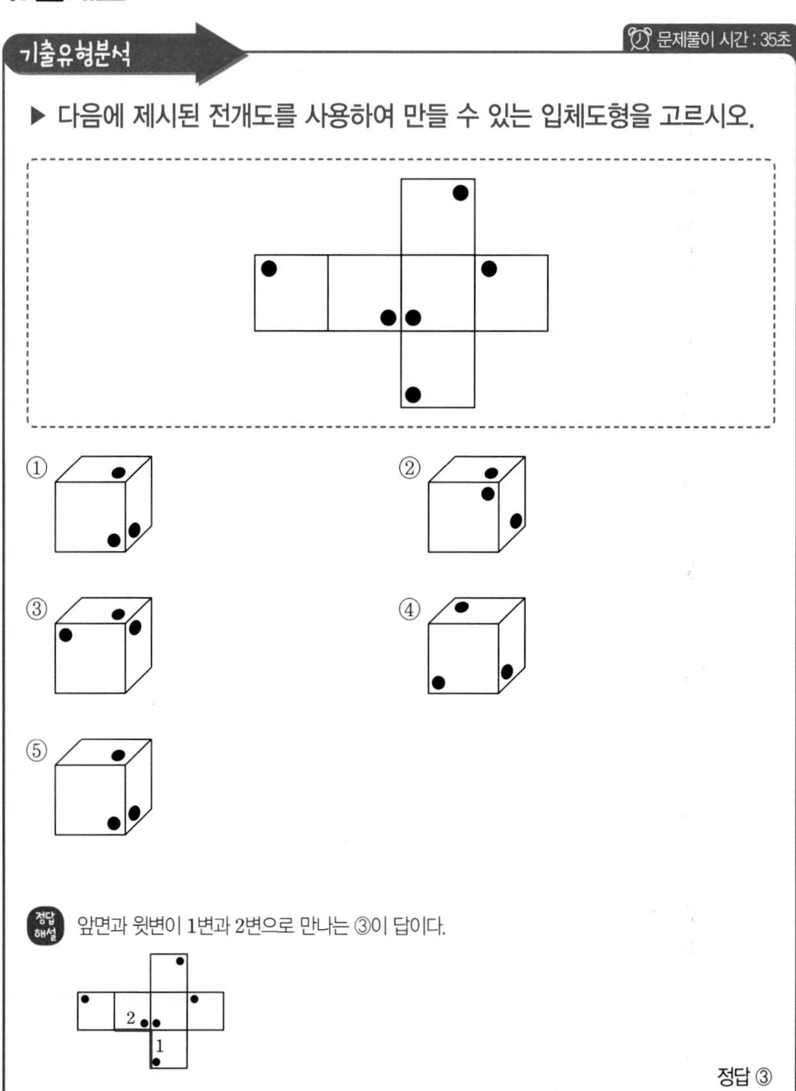

기출유형분석

문제풀이 시간 : 35초

▶ 다음에 제시된 전개도를 사용하여 만들 수 있는 입체도형을 고르시오.

① ② ③ ④ ⑤

정답 해설 앞면과 윗변이 1변과 2변으로 만나는 ③이 답이다.

정답 ③

[01~05] 다음에 제시된 전개도를 사용하여 만들 수 있는 입체도형을 고르시오.

총 문항 수 : 5문항 | 총 문제풀이 시간 : 2분 55초 | 문항당 문제풀이 시간 : 35초

01

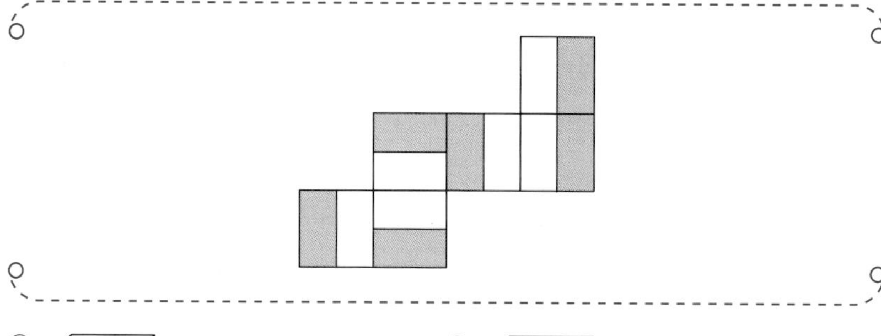

① 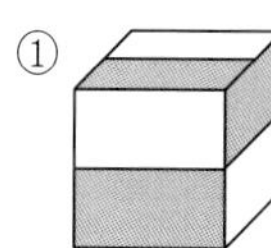

②

③ 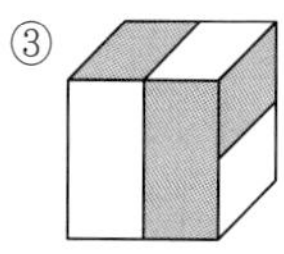

④ 

⑤ 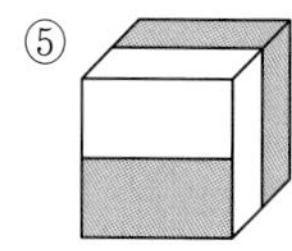

02

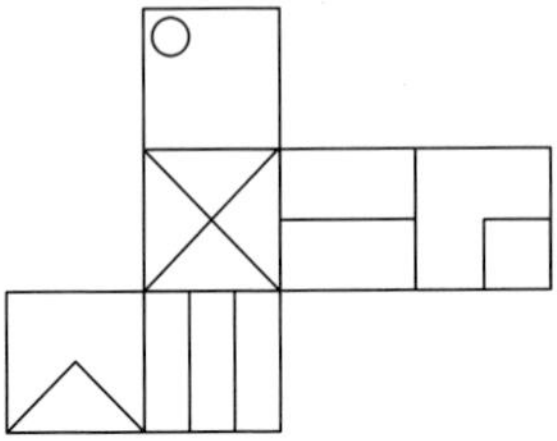

①

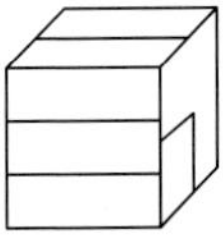

②

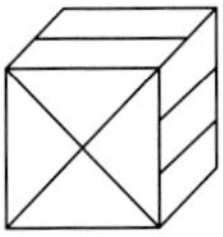

③

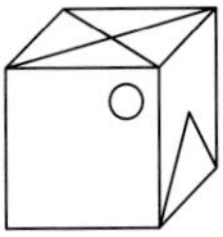

④

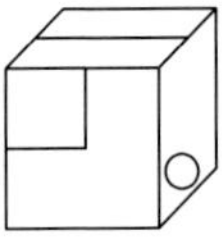

⑤

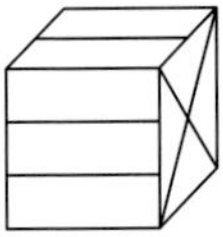

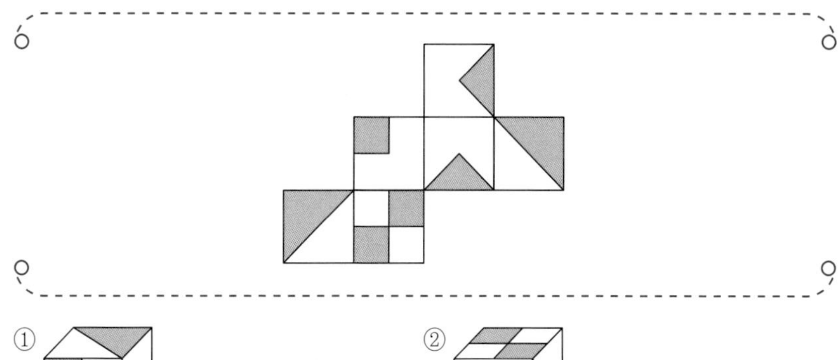

①
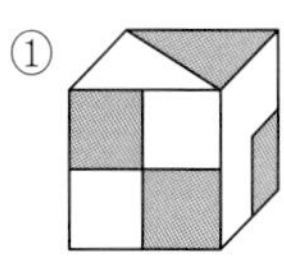

②
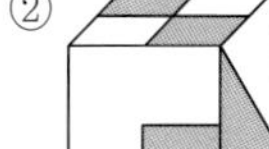

③
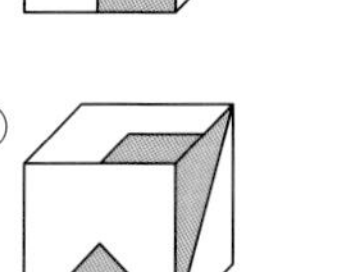

④
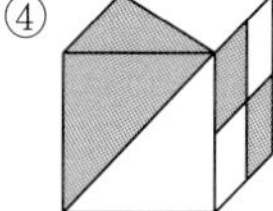

⑤
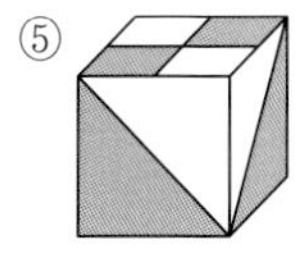

정답 02 ① | 03 ③

04

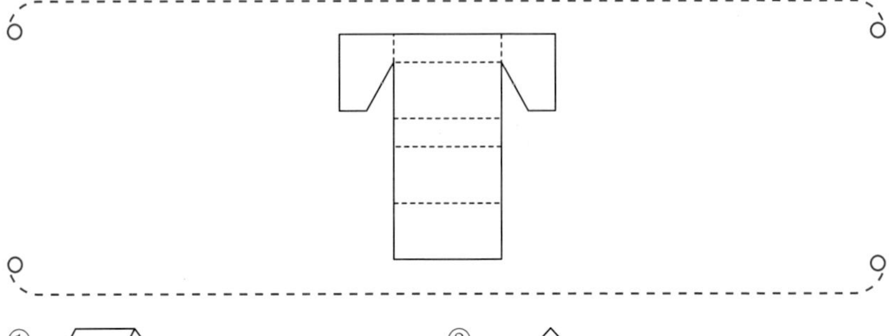

① 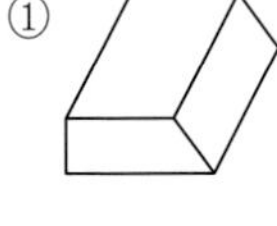

② 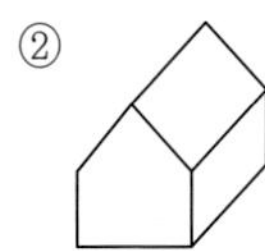

③ 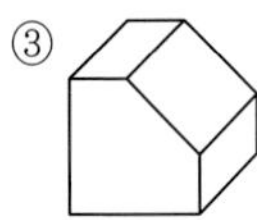

④ 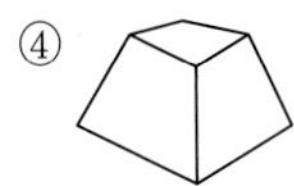

⑤ 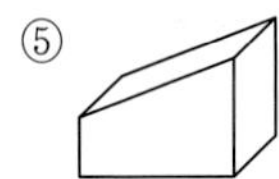

05

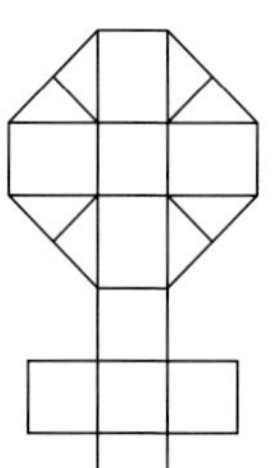

① 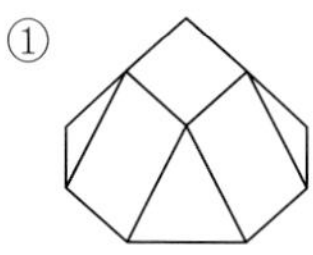

② 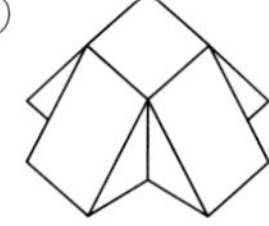

③

④ 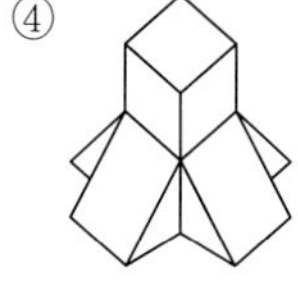

⑤

정답 04 ③ | 05 ②

[06~07] 다음 주어진 입체도형에 대한 바른 전개도를 찾으시오.

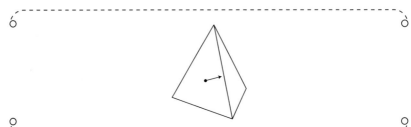

총 문항 수 : 2문항 | 총 문제풀이 시간 : 1분 | 문항당 문제풀이 시간 : 30초

06

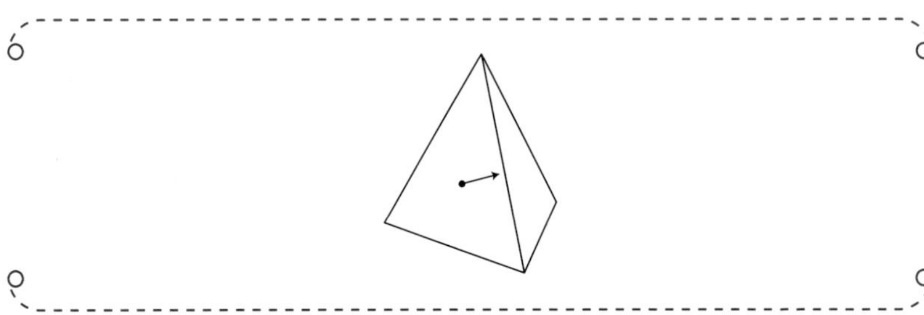

① 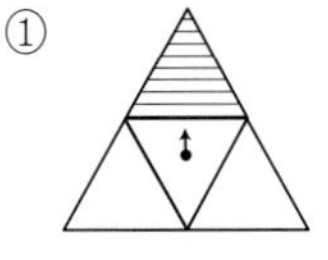

② 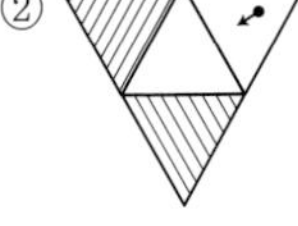

③ 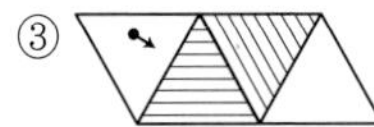

④ 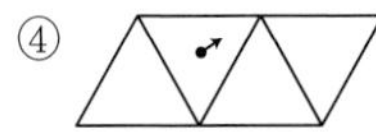

⑤ 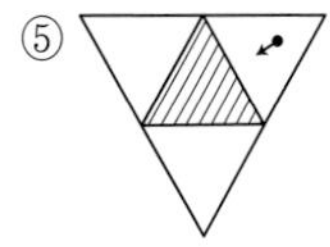

07

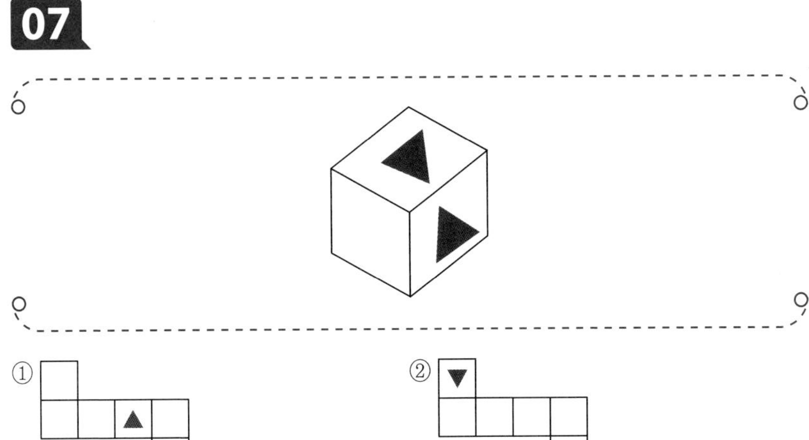

①

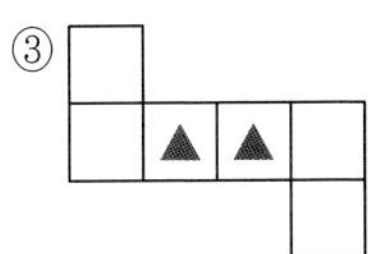

②

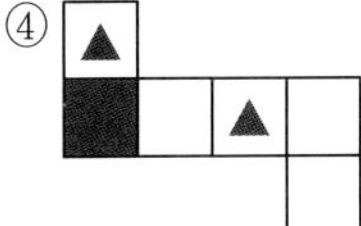

③

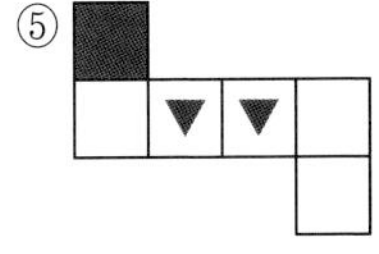

④

⑤

정답 06 ② | 07 ④

[08~10] 다음 중 전개도를 접었을 때 완성되는 입체도형이 나머지와 다른 하나를 고르시오.

총 문항 수 : 3문항 | 총 문제풀이 시간 : 40초 | 문항당 문제풀이 시간 : 10~13초

08

①

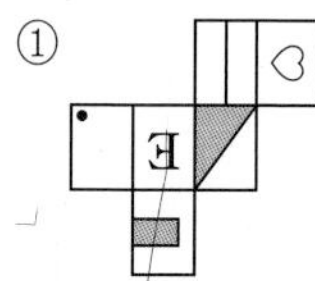

②

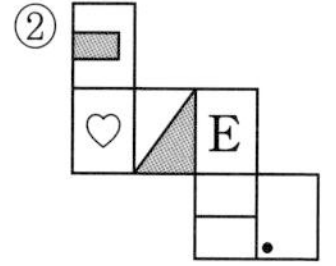

③

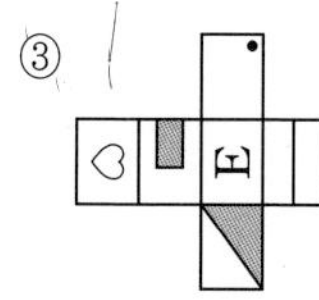

④

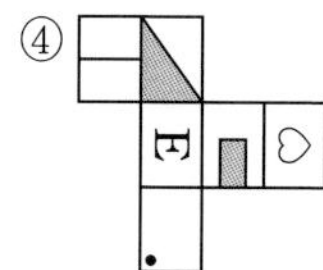

⑤

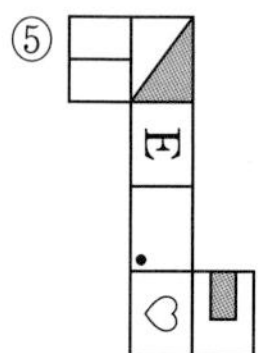

정답 해설 ①, ②, ③, ④ :

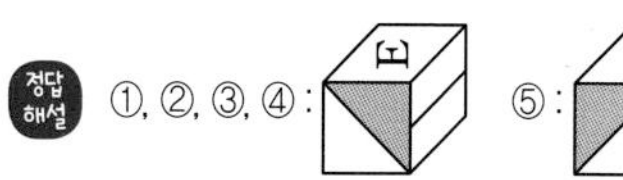

⑤ :

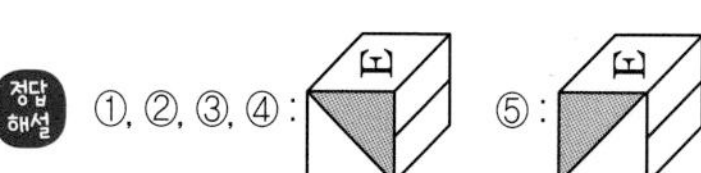

09

①
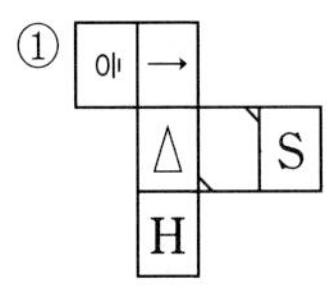

②
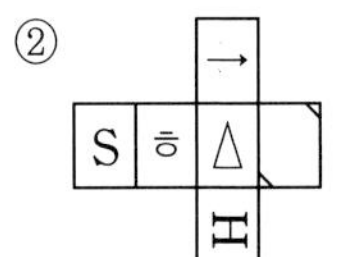

③
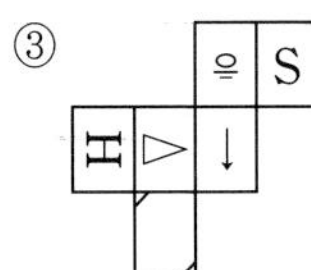

④
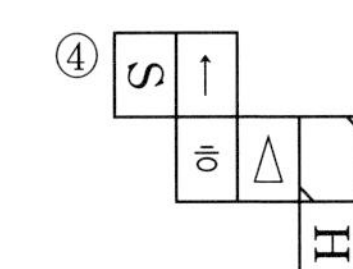

⑤
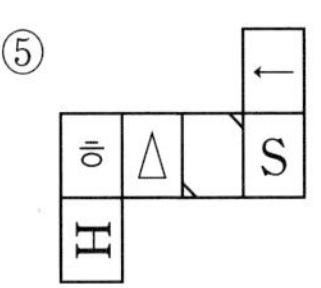

정답 해설 ①, ③, ④, ⑤ : ② :
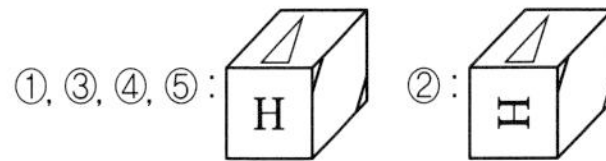

10

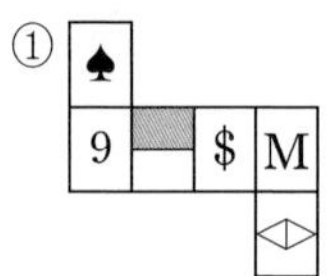

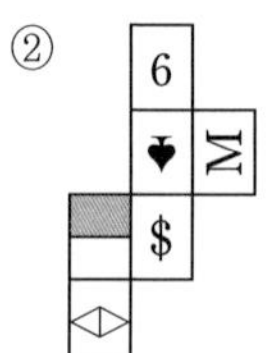

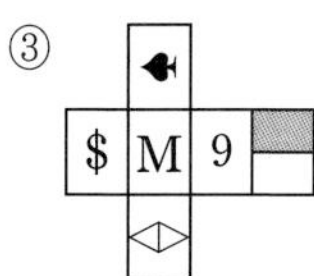

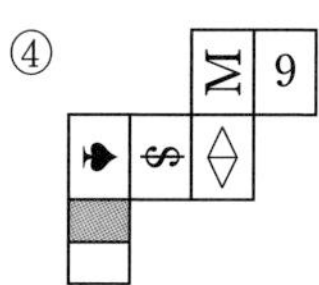

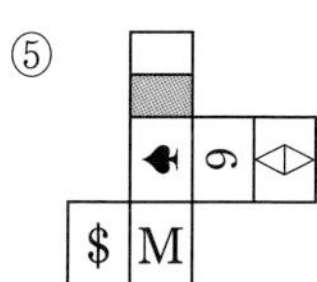

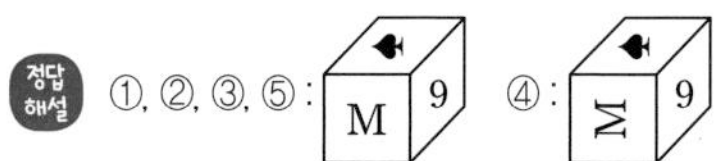

소요시간		채점결과	
목표시간	4분 35초	총 문항수	10문항
실제 소요시간	( )분 ( )초	맞은 문항 수	( )문항
초과시간	( )분 ( )초	틀린 문항 수	( )문항

2. 종이접기

기출유형분석

문제풀이 시간 : 30초

▶ 다음 그림과 같이 종이를 접은 후 구멍을 뚫고 다시 펼쳤을 때의 그림으로 옳은 것을 고르시오.

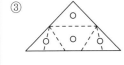

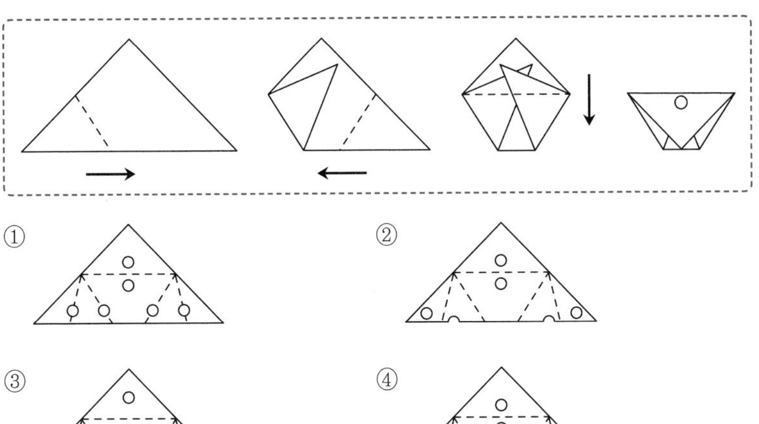

⑤

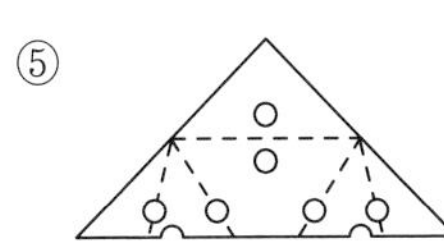

정답 ②

[01~02] 다음 그림과 같이 종이를 접은 후, 펀치로 구멍을 뚫고 다시 펼쳤을 때의 그림으로 옳은 것을 고르시오.

총 문항 수 : 2문항 | 총 문제풀이 시간 : 1분 20초 | 문항당 문제풀이 시간 : 40초

01

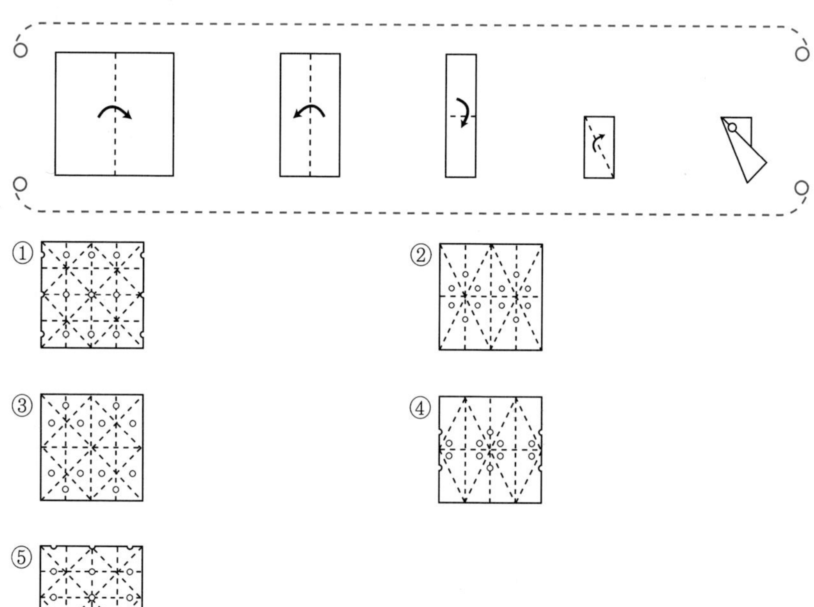

02

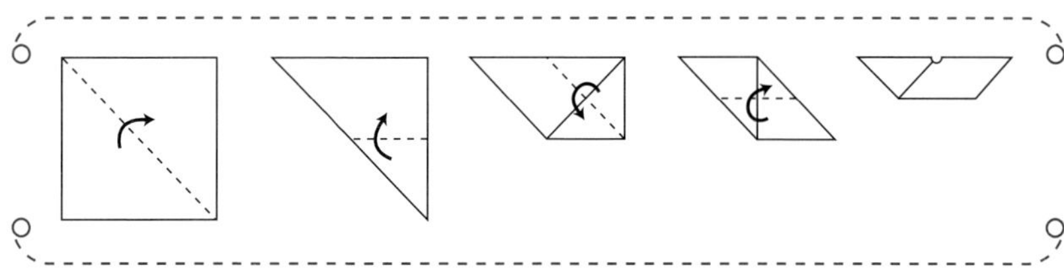

①
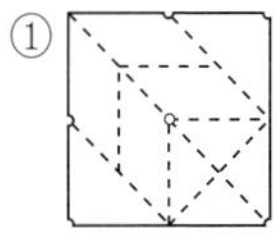

②
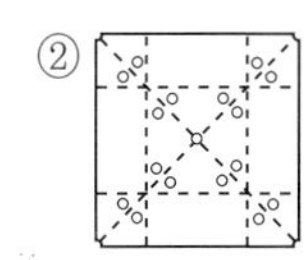

③
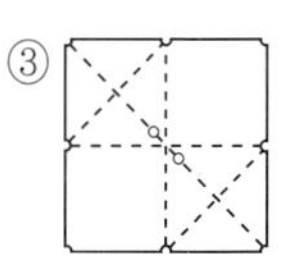

④
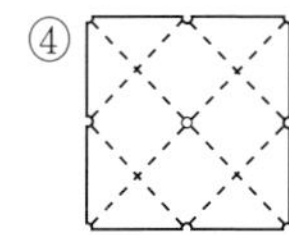

⑤
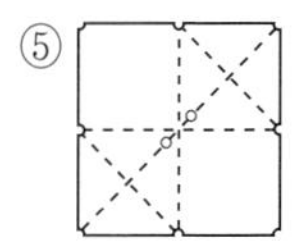

정답 01 ④ | 02 ①

[03~04] 다음에 제시된 입체도형이 통과할 수 있도록 구멍이 난 것은 무엇인지 고르시오.

총 문항 수 : 2문항 | 총 문제풀이 시간 : 40초 | 문항당 문제풀이 시간 : 20초

03

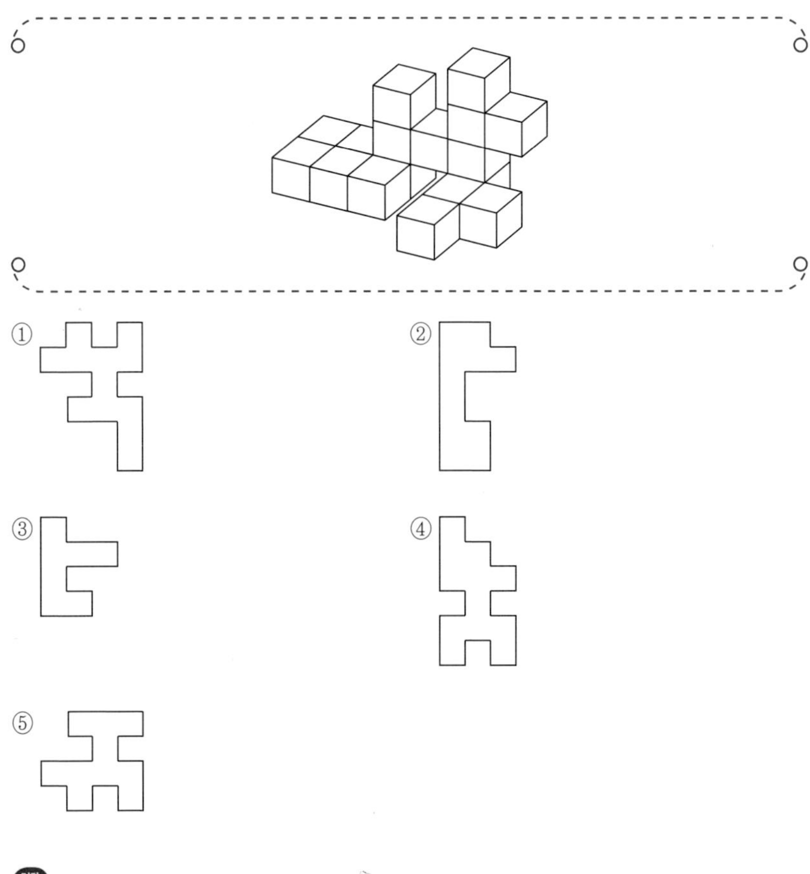

정답해설

앞 위 옆

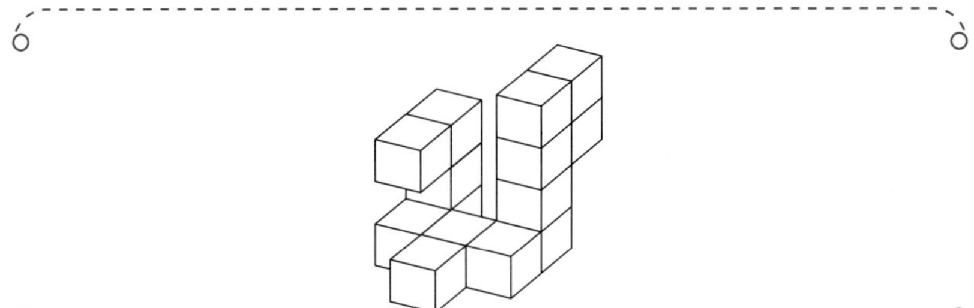

①

② 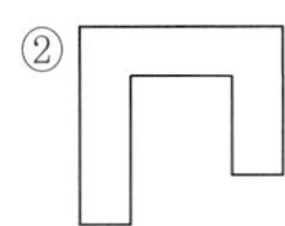

③ 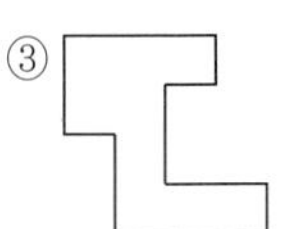

④ 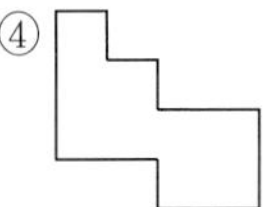

⑤ 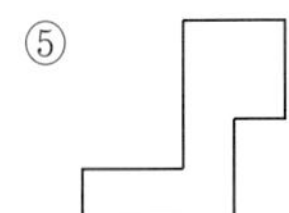

정답
해설

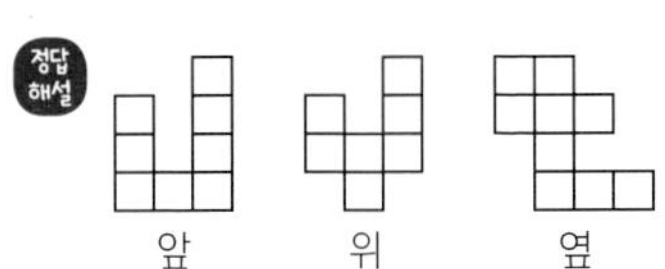

Part I
Part II
Part III
Part IV

05 다음 그림과 같이 화살표 방향으로 종이를 접은 후, 펀치로 구멍을 뚫고 다시 펼쳤을 때의 그림으로 옳은 것은?

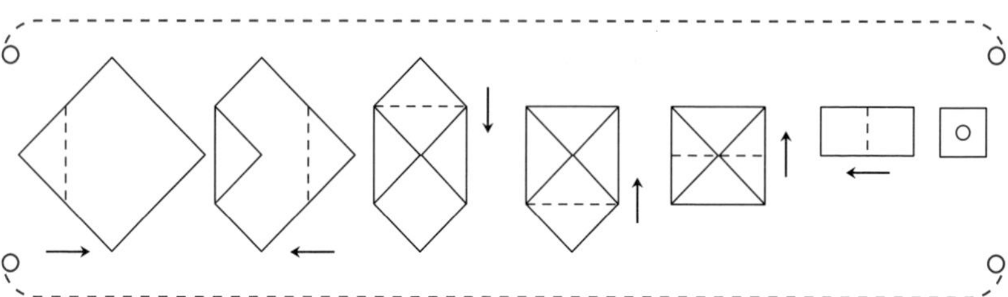

①
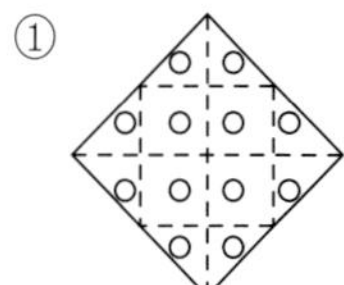

②
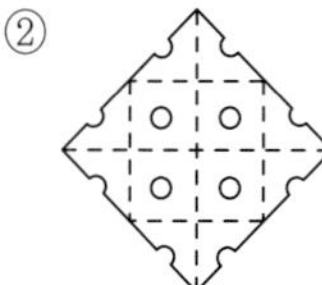

③
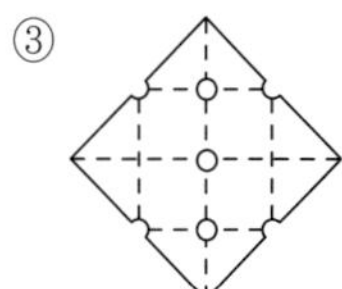

④
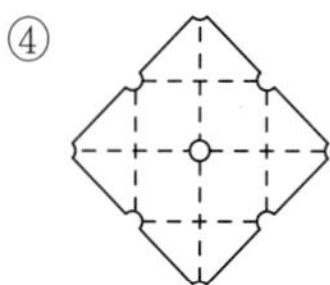

⑤
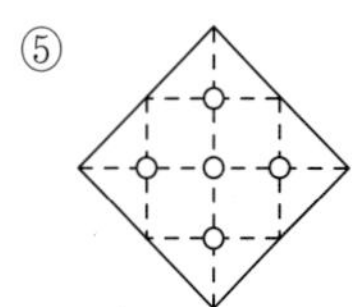

06 다음 그림과 같이 접었을 때 나올 수 있는 뒷면의 모양으로 적절한 것은?

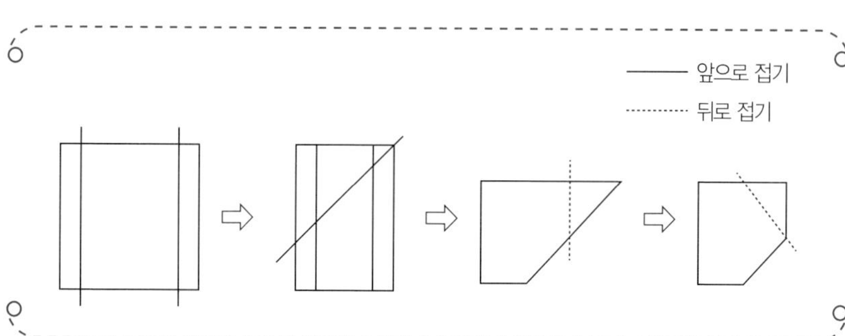

①
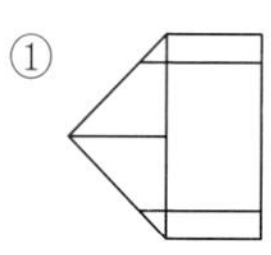

②
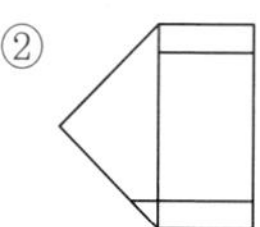

③
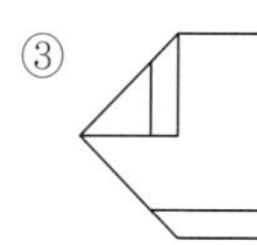

④
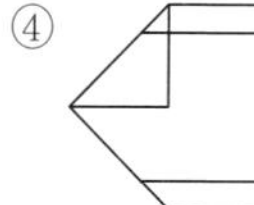

⑤
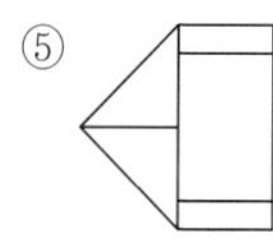

정답 해설 주어진 순서대로 접었을 때 뒷면의 모양을 그려보면

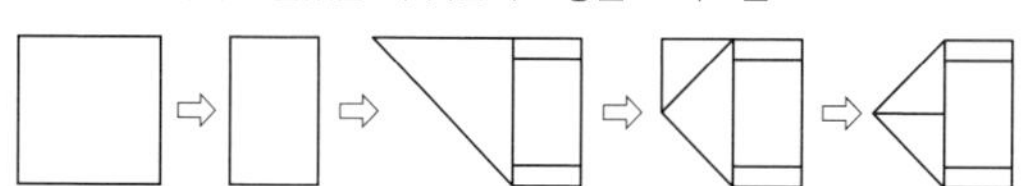

소요시간		채점결과	
목표시간	4분	총 문항수	6문항
실제 소요시간	( )분 ( )초	맞은 문항 수	( )문항
초과시간	( )분 ( )초	틀린 문항 수	( )문항

정답 05 ② | 06 ⑤

3. 투상도

기출유형분석

문제풀이 시간 : 30초

▶ 다음은 어떤 입체도형을 정면, 윗면, 측면에서 바라본 투상도를 나타낸 것이다. 아래에 제시된 투상도의 입체도형을 고르시오.

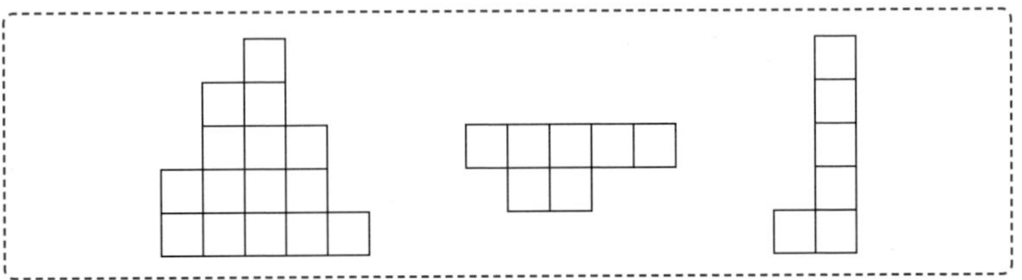

①

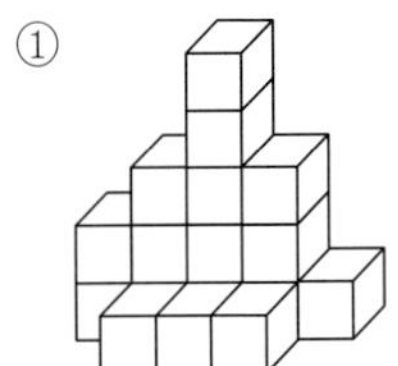

②

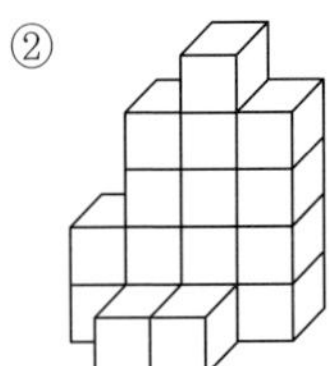

③

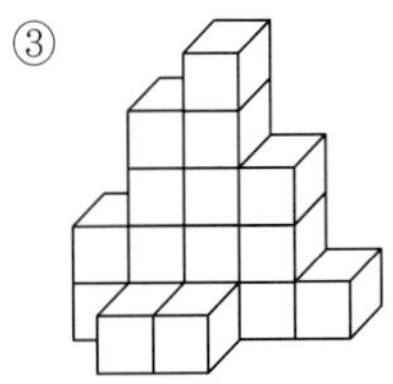

④

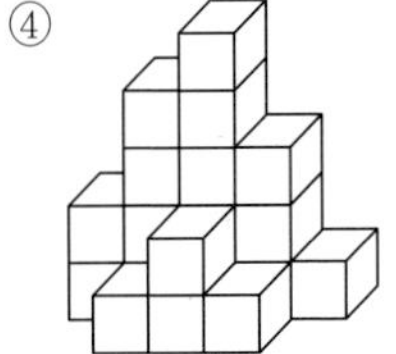

⑤

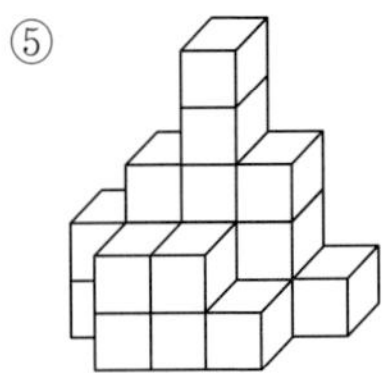

정답 ③

[01~05] 다음은 어떤 입체도형을 정면, 윗면, 측면에서 바라본 투상도를 나타낸 것이다. 아래에 제시된 투상도의 입체도형을 고르시오.

총 문항 수 : 5문항 | 총 문제풀이 시간 : 2분 40초 | 문항당 문제풀이 시간 : 35~45초

01

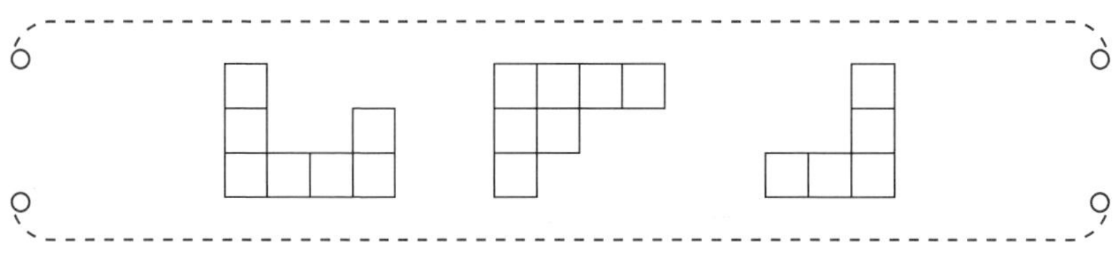

①
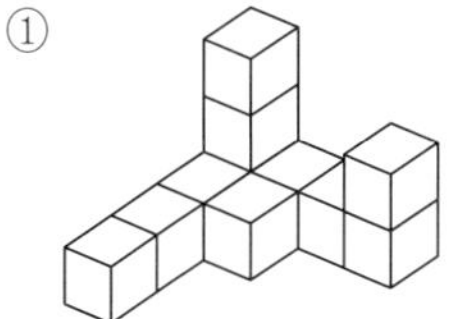

②
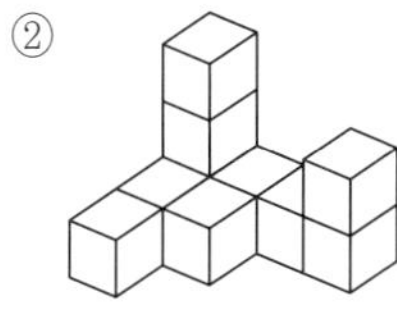

③
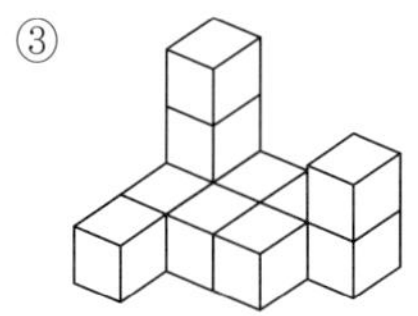

④
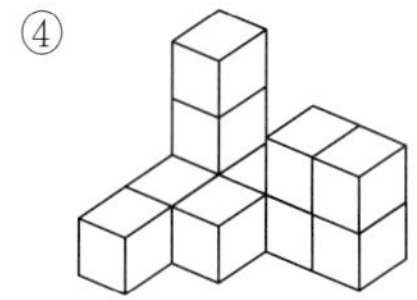

⑤
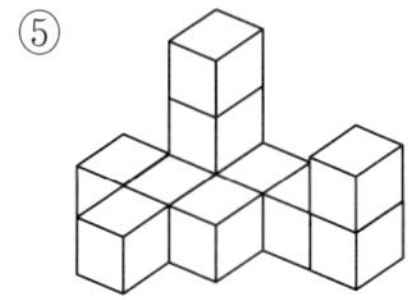

Part I
Part II
Part III
Part IV

정답 01 ②

02

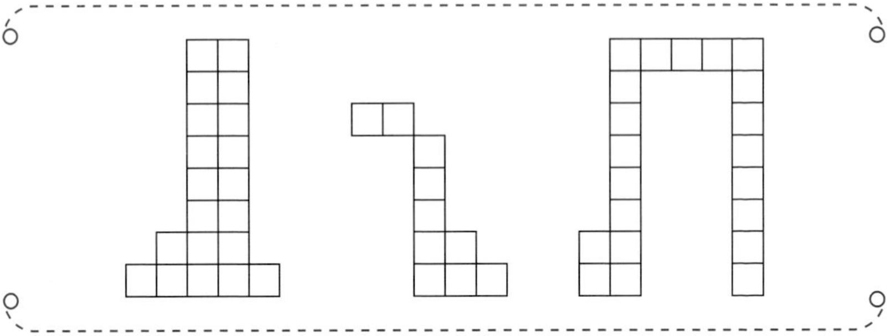

①

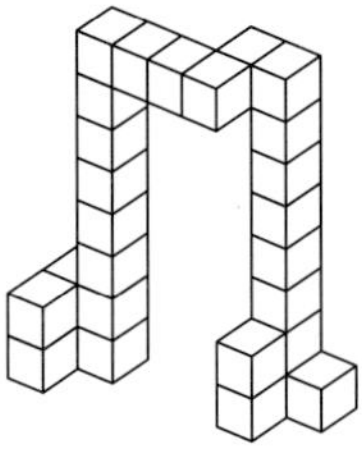

②

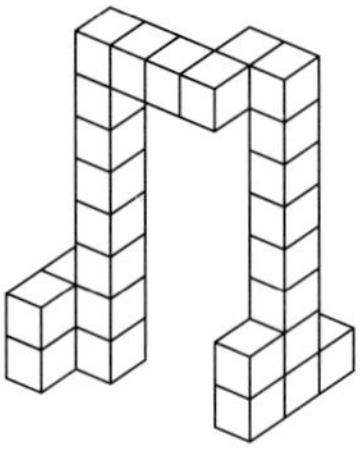

③

④

⑤

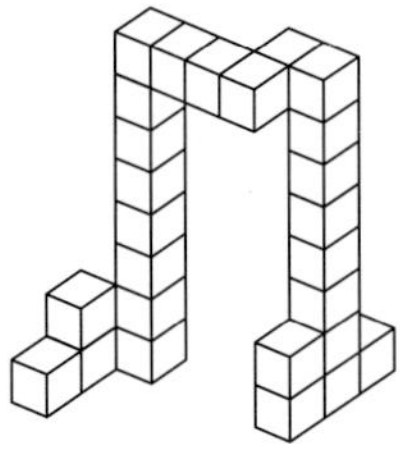

03

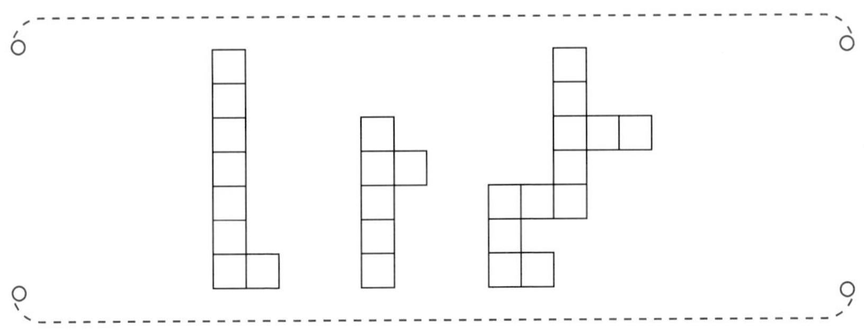

① 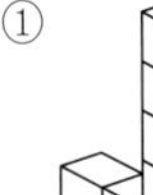
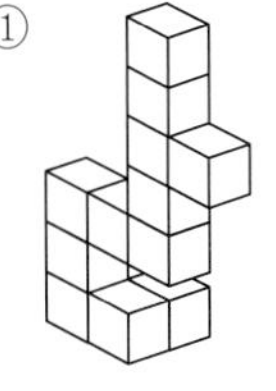

② 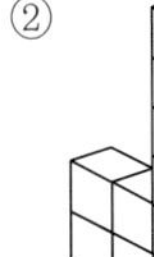

③ 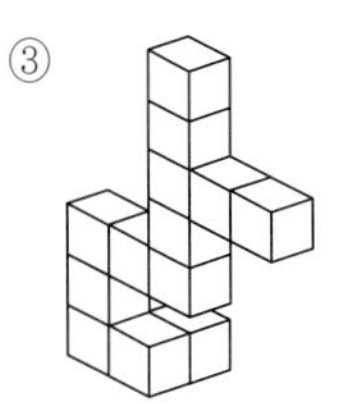

④ 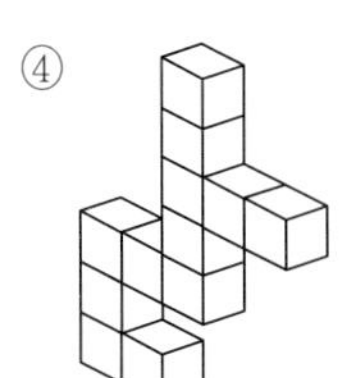

⑤ 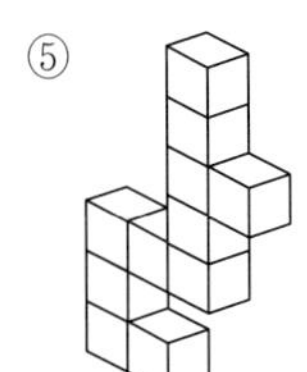

정답 02 ⑤ | 03 ③

04

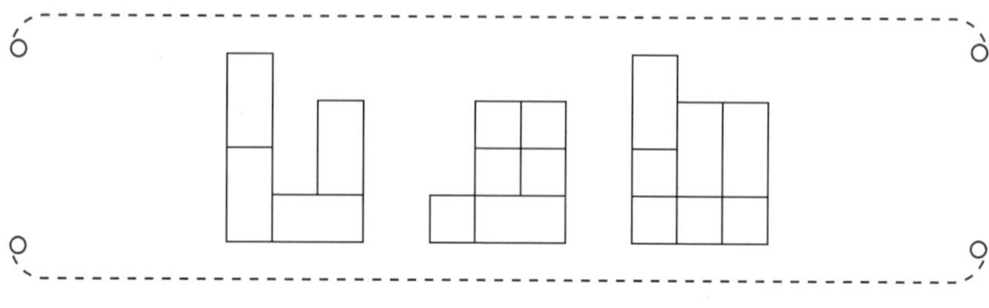

①
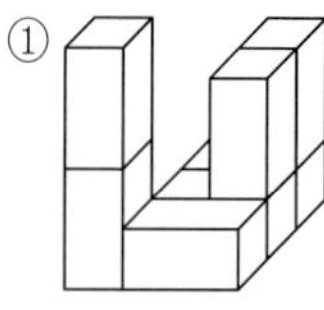

②
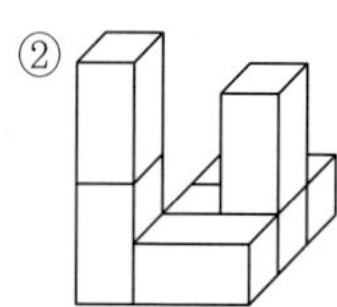

③
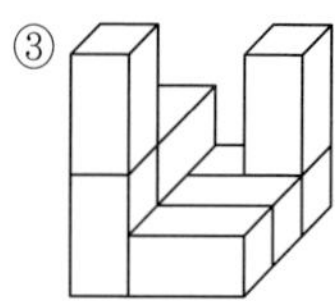

④
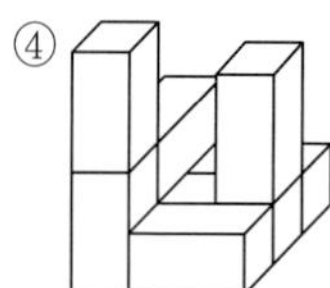

⑤
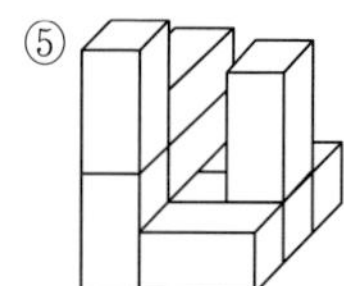

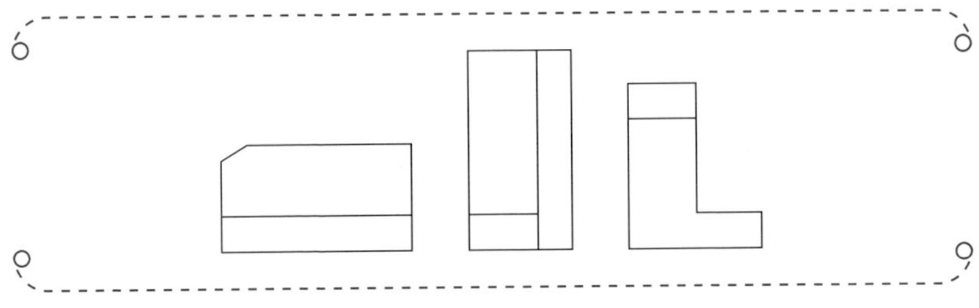

①
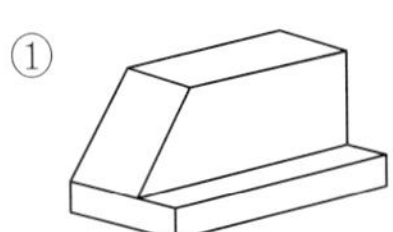

②
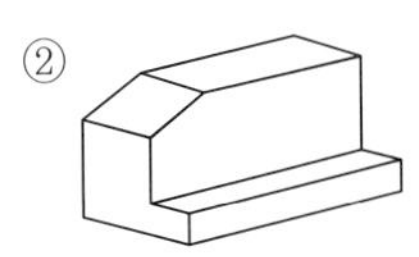

③
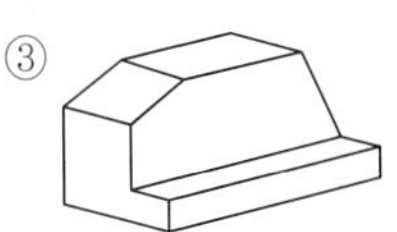

④
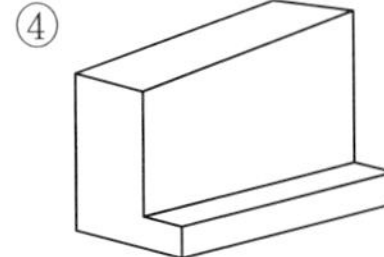

⑤
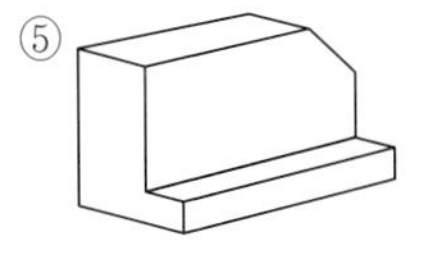

소요시간	
목표시간	2분 40초
실제 소요시간	(　)분 (　)초
초과시간	(　)분 (　)초

채점결과	
총 문항수	5문항
맞은 문항 수	(　　)문항
틀린 문항 수	(　　)문항

정답 04 ① | 05 ②

4. 도형회전

기출유형분석

문제풀이 시간 : 40초

▶ 다음 입체도형 중 나머지와 다른 것을 고르시오.

①

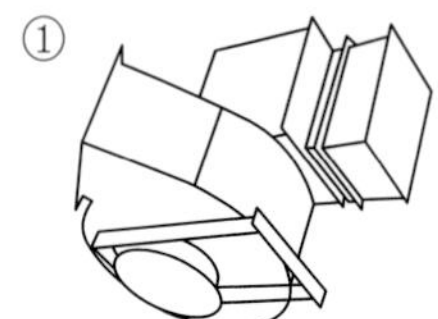

②

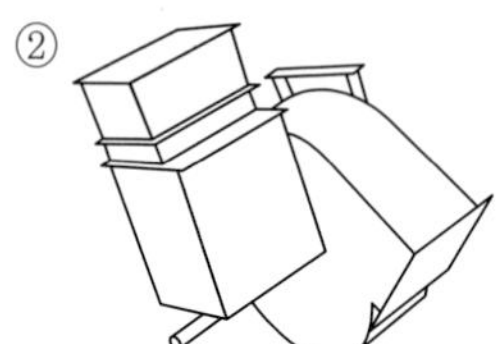

③

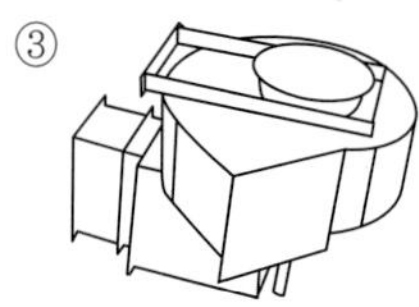

④

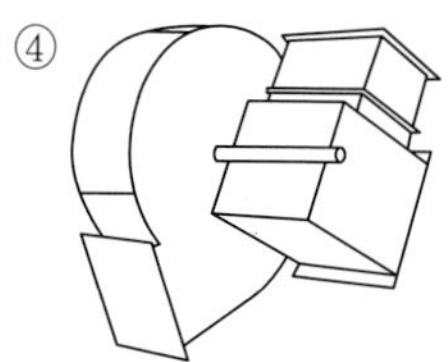

⑤

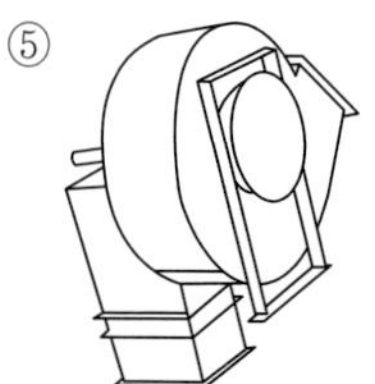

정답 해설 주어진 입체도형의 부분을 살펴보면

④의 도형에서 막대기의 위치는 직육면체 아래에 와야 하고, 옆에 물방울 모양의 입체도형도 위치가 바뀌어있다.

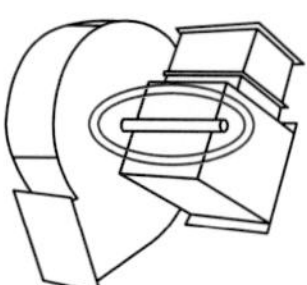

정답 ④

[01~02] 다음 입체도형 중 나머지와 다른 것을 고르시오.

총 문항 수 : 2문항 | 총 문제풀이 시간 : 1분 40초 | 문항당 문제풀이 시간 : 40~50초

01

①
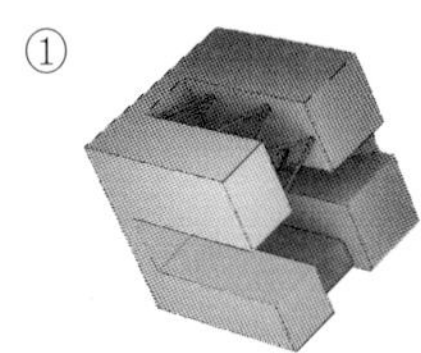

②
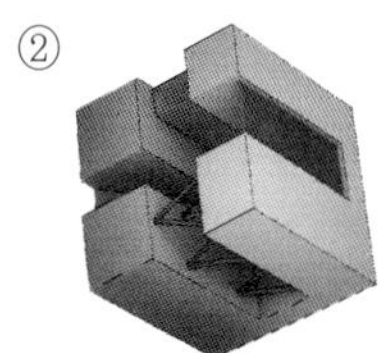

③
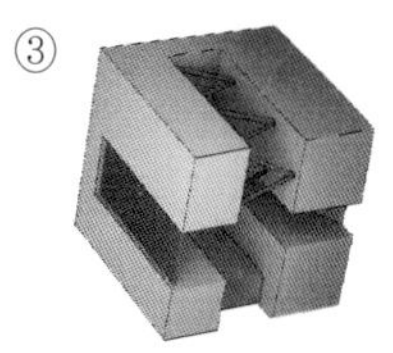

④
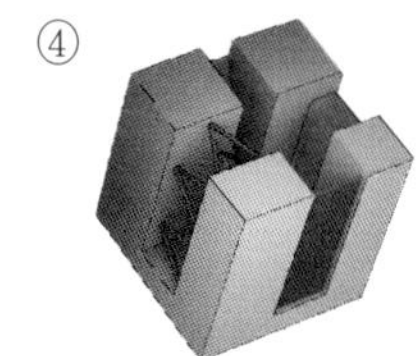

⑤
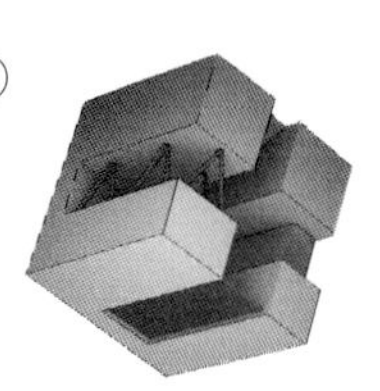

정답 해설 ①의 도형에서 덮개가 없어졌다.

02

①

②

③

④

⑤

 ③의 도형에서 작은 원 하나가 없어졌다.

소요시간		채점결과	
목표시간	1분 40초	총 문항수	2문항
실제 소요시간	(　)분 (　)초	맞은 문항 수	(　　)문항
초과시간	(　)분 (　)초	틀린 문항 수	(　　)문항

5. 조각모음

기출유형분석

⏰ 문제풀이 시간 : 30초

▶ 다음 도형에서 찾을 수 없는 것을 고르시오.

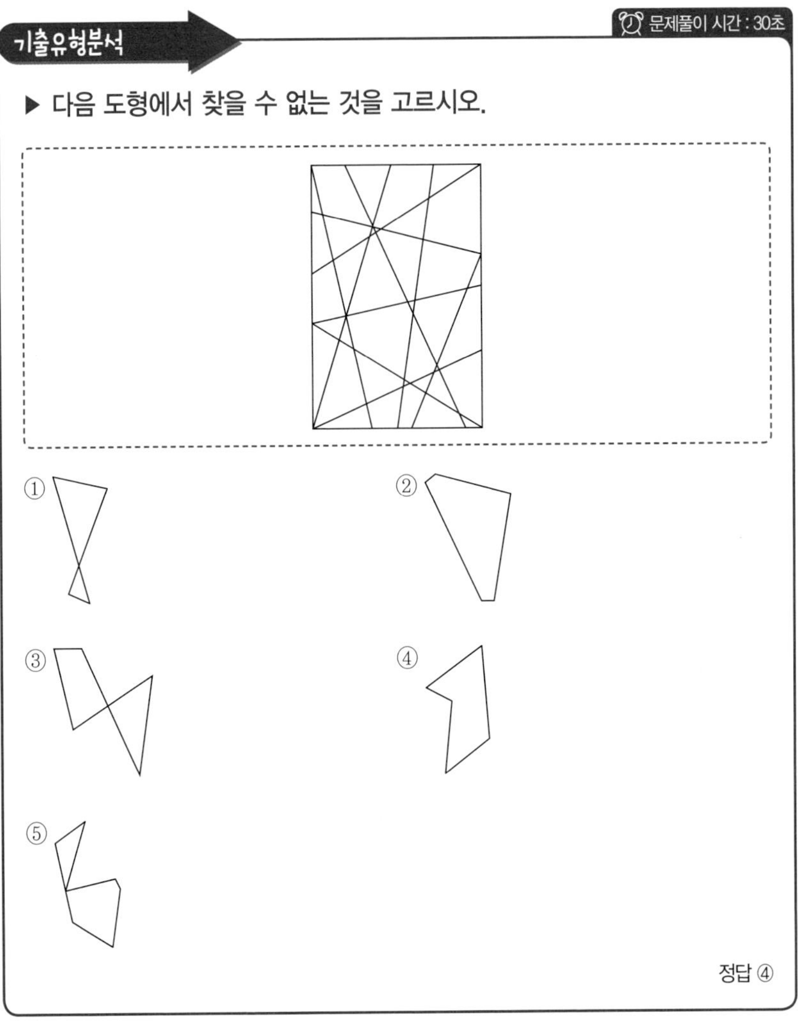

정답 ④

[01~04] 다음 도형에서 찾을 수 없는 것을 고르시오.

총 문항 수 : 4문항 | 총 문제풀이 시간 : 1분 | 문항당 문제풀이 시간 : 25초

01

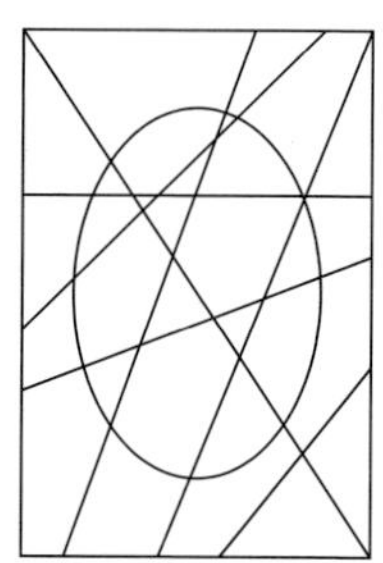

①

② 

③ 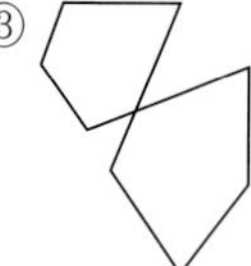

④ 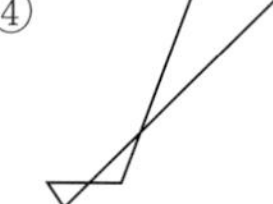

⑤ 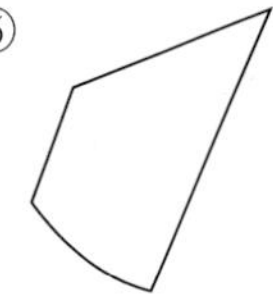

02

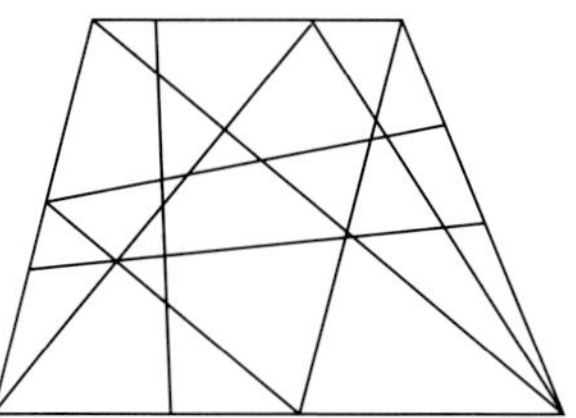

① 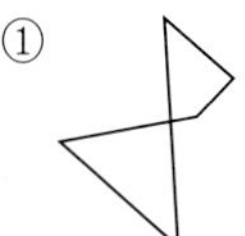

② 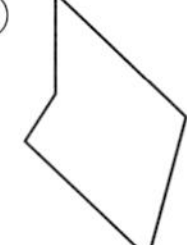

③ 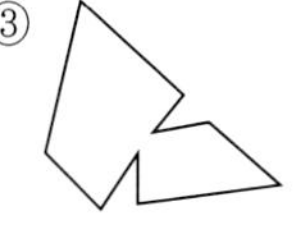

④ 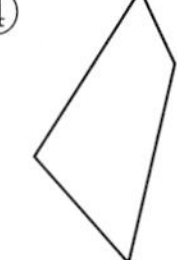

⑤

정답 01 ① | 02 ⑤

03

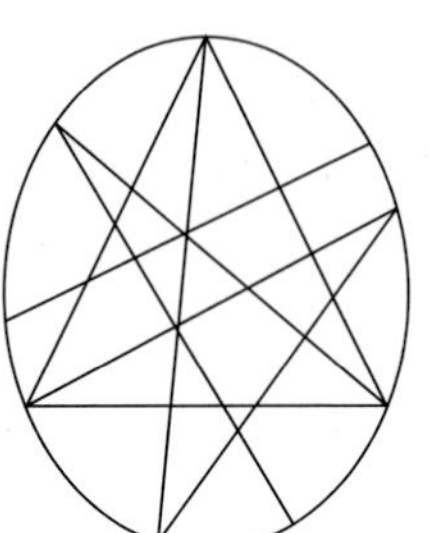

① 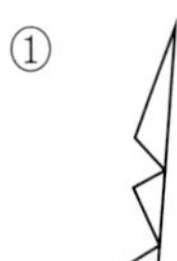

② 

③ 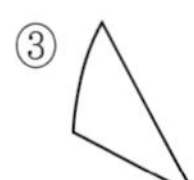

④ 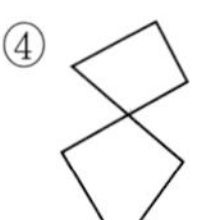

⑤ 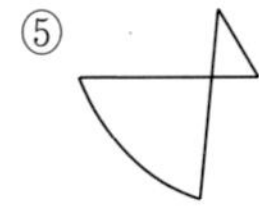

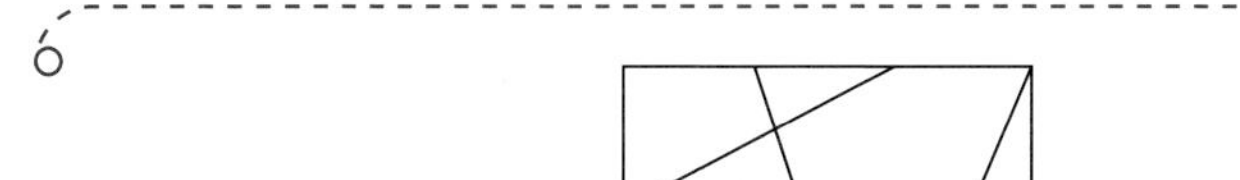

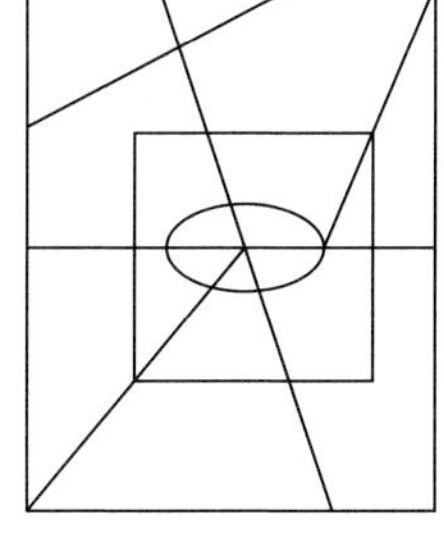

① 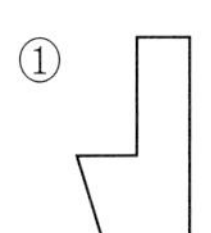

② 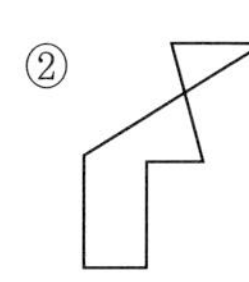

③ 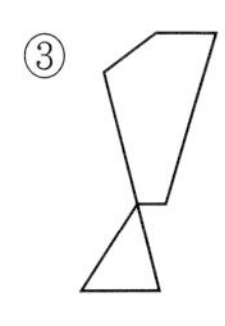

④ 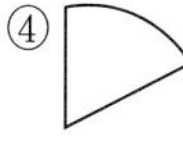

⑤

정답 03 ③ | 04 ④

05 다음 제시된 도형을 조합하였을 때 만들 수 없는 것은?

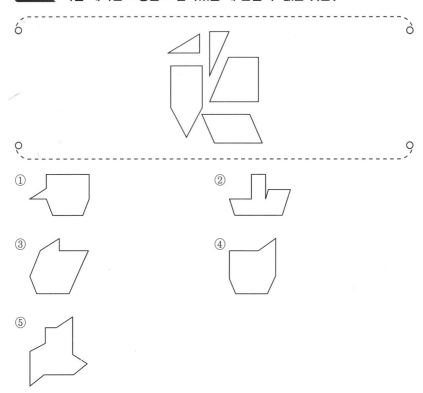

①

②

③

④

⑤

정답해설 제시된 도형을 조합해보면

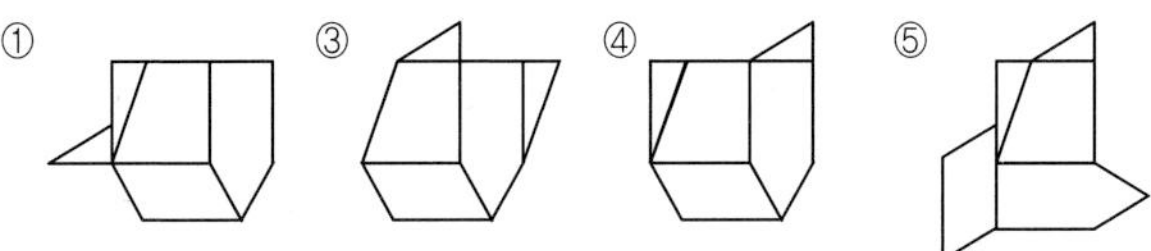

따라서 제시된 도형을 조합하면 ②는 만들 수 없다.

소요시간		채점결과	
목표시간	2분	총 문항수	5문항
실제 소요시간	(　)분 (　)초	맞은 문항 수	(　　)문항
초과시간	(　)분 (　)초	틀린 문항 수	(　　)문항

6. 블록

기출유형분석

문제풀이 시간 : 30초

▶ 다음 두 개의 블록을 결합했을 때 만들 수 없는 형태를 고르시오.

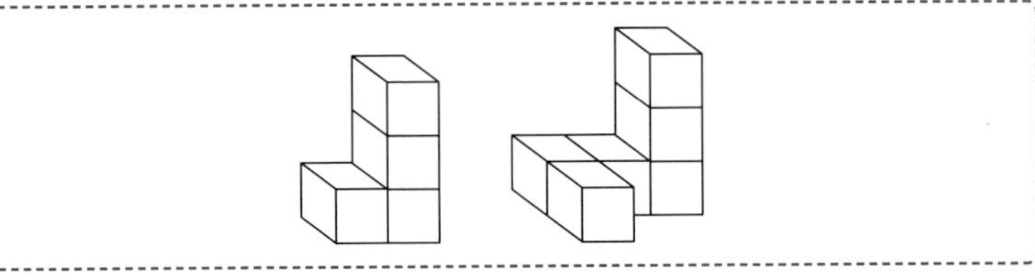

①

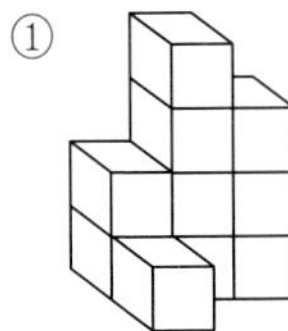

②

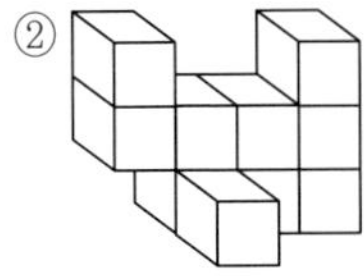

③

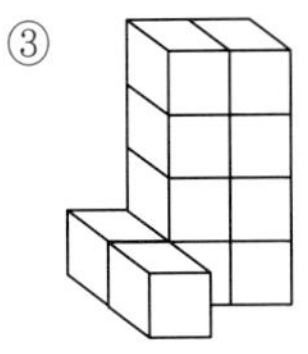

④

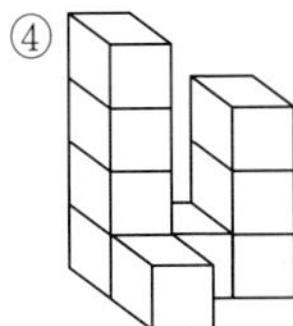

⑤

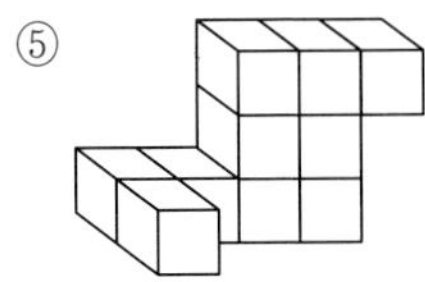

정답 해설 두 개의 블록을 결합해보면

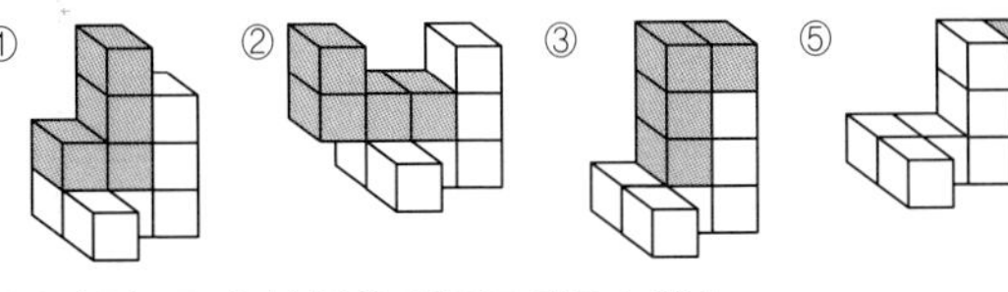

따라서 ④는 두 개의 블록을 결합해도 만들 수 없다.

정답 ④

[01~02] 다음 두 개의 블록을 결합했을 때 만들 수 없는 형태를 고르시오.

총 문항 수 : 2문항 | 총 문제풀이 시간 : 1분 10초 | 문항당 문제풀이 시간 : 30~40초

01

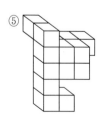

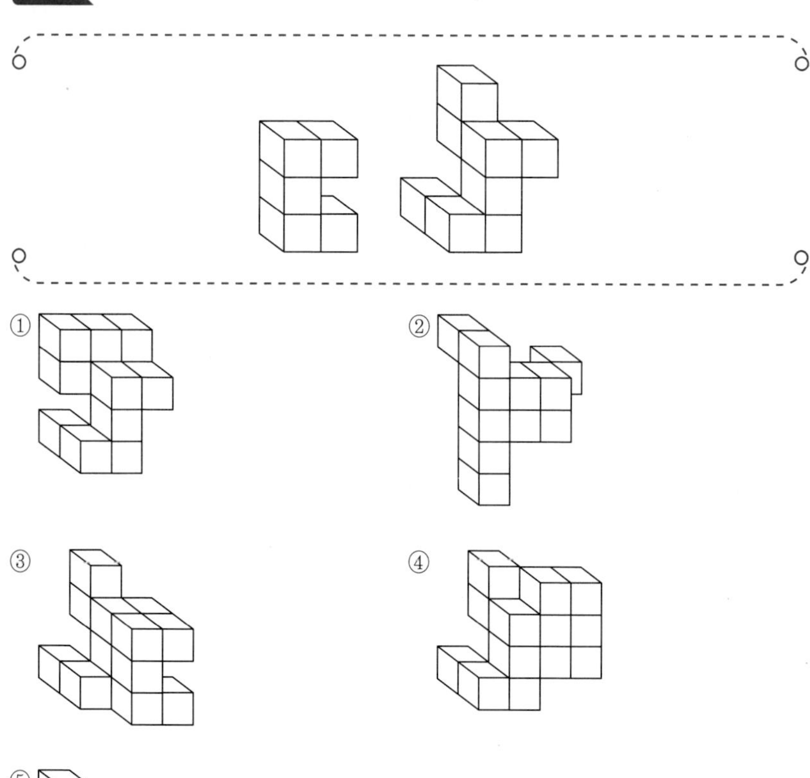

 두 개의 블록을 결합해보면

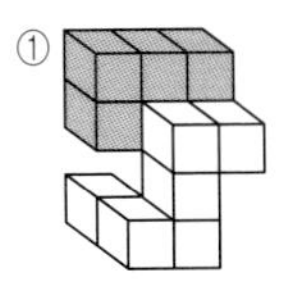
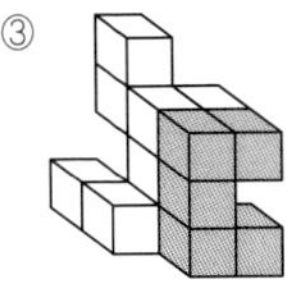
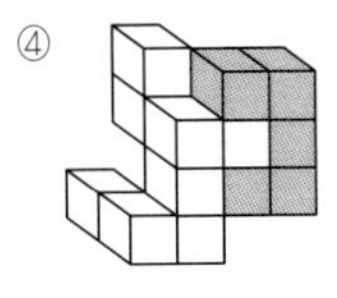
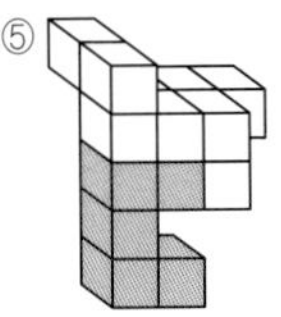

따라서 ②는 두 개의 블록을 결합해도 만들 수 없다.

02

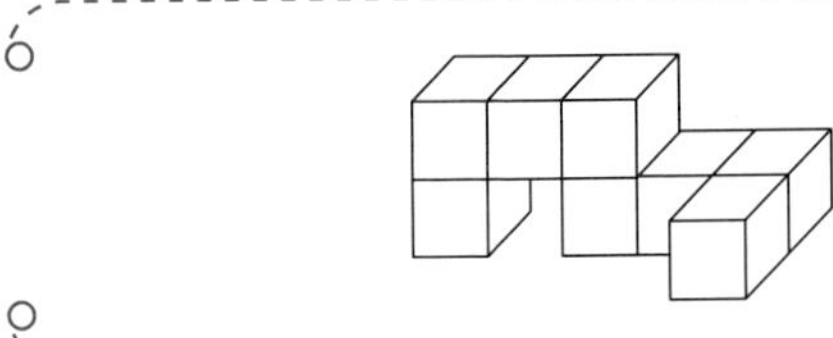
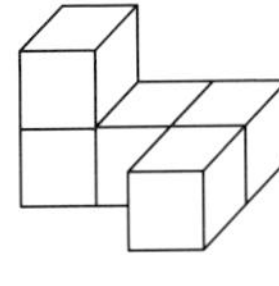

①
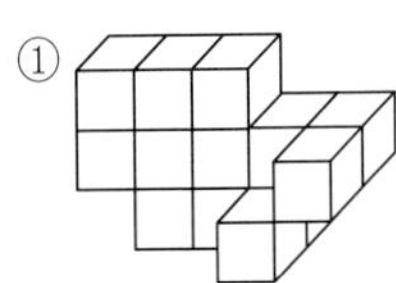

②
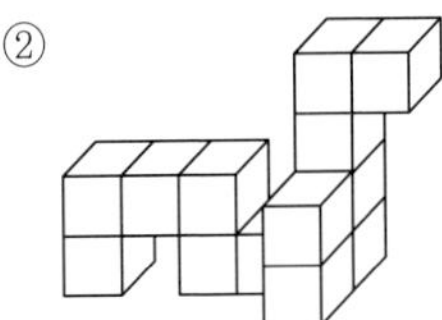

③
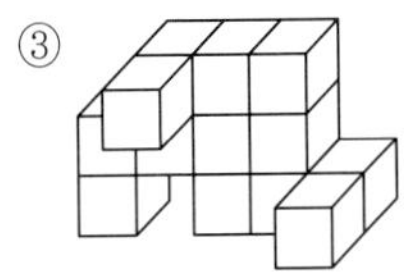

④
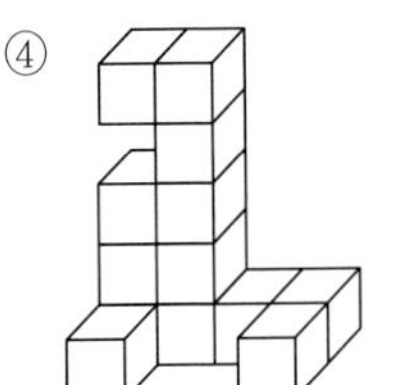

⑤
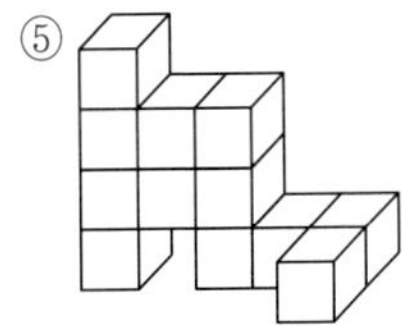

정답 01 ② | 02 ⑤

두 개의 블록을 결합해보면

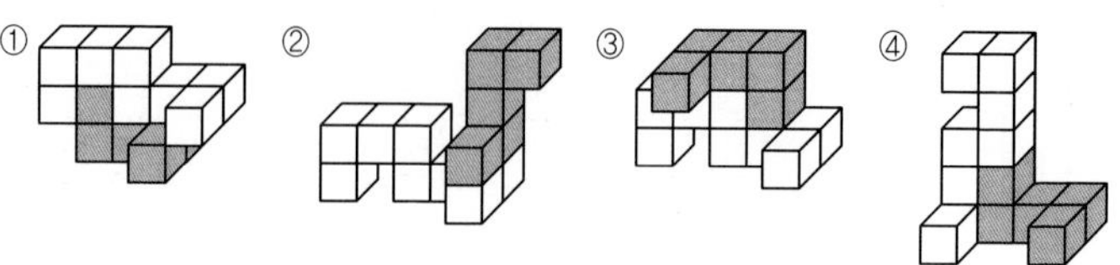

따라서 ⑤는 두 개의 블록을 결합해도 만들 수 없다.

소요시간		채점결과	
목표시간	1분 10초	총 문항수	2문항
실제 소요시간	(　)분 (　)초	맞은 문항 수	(　　)문항
초과시간	(　)분 (　)초	틀린 문항 수	(　　)문항